Con Corazón de Niño

Dios, Tú y Yo,
Compañeros en el Juego de la Vida

Guía para la creación de un propósito, o de la experiencia de vida que deseamos

Juan Carlos Martino

Con Corazón de Niño,
Dios, Tú y Yo, Compañeros en el Juego de la Vida.
Versión 1.

ISBN-13: 978-0692543450 (Juan Carlos Martino)
ISBN-10: 0692543457

Printed by CreateSpace.

Diseño de ilustraciones por Juan Carlos Martino.
Reproducción permitida mencionando autor y libro, y comunican-
do de ello al autor [ver dirección de correo electrónico (e-mail) en
nota final sobre el Autor o en el Apéndice].

Diseño de la portada por el autor.

DEDICATORIA

A quienes desean terminar con sus experiencias de infelicidades y sufrimientos;

A quienes desean crear un propósito para las circunstancias de vida que enfrentan, o bajo las que llegaron a esta manifestación temporal;

A quienes desean saber cómo hacer realidad la experiencia de vida que anhelan y, o la mejor versión de sí mismos que alcanzan a visualizar;

A quienes sienten que no han alcanzado la mejor versión de sí mismos, pero no logran darse cuenta todavía de cuál es la que están esperados que alcancen;

A quienes escuchando sus sentimientos profundos, primordiales, no logran conciliarlos con sus experiencias de vida siguiendo al mundo, a lo que se les ha enseñado a creer;

A quienes deseando alcanzar la Verdad, Quiénes Somos, por qué estamos aquí en la Tierra, no encuentran las respuestas adecuadas a sus individualidades en ninguna de las versiones culturales del Origen de la vida que reconocen las diferentes sociedades de la especie humana en la Tierra;

A quienes desean ponerse en el camino de entender por qué el mundo es como es;

A quienes desean saber cuál es el propósito de la vida;

A quienes desean asumir el control de sus vidas por sí mismos;

A quienes desean encaminarse hacia la más grande experiencia a la que puede hacer realidad el ser humano,
Establecer la interacción permanente consciente con Dios, con el proceso ORIGEN de Todo Lo Que Existe, Todo Lo Que Es, para hacer realidad la mejor versión de sí mismo a la que solo puede alcanzarse en interacción íntima con nuestra fuente, desde aquí, desde la Tierra,
y no solo llegar a Dios, a la dimensión de Consciencia Universal, de consciencia de sí mismo del proceso existencial, sino hacerse compañero de Dios en el proceso existencial; hacerse Uno en Dios.

CONTENIDO

AGRADECIMIENTO

A Dios,
Consciencia Universal,
Proceso ORIGEN del ser humano,
Proceso existencial consciente de sí mismo,
por haberme estimulado, antes que nada, a hacerme libre del mundo, de sus versiones culturales de nuestro Origen que condicionan, limitan, o inhiben nuestros desarrollos de consciencia, de entendimiento del proceso existencial; y por haberme orientado, una vez libre, a reconocer la mejor versión de mí mismo y mostrarme el camino para experimentarla en este mundo tal como es.

Introducción

Dios y el Ser Humano
¿Compañeros en el Juego de la Vida?

No pueden imaginar a Dios como su compañero, y mucho menos es lo que les dice la experiencia de vida a la inmensa mayoría de los seres humanos que habitan la Tierra.

¿Puede Dios, nuestro Creador para unos, nuestro proceso ORIGEN para otros, ser nuestro compañero en el Juego de la Vida?

Infelicidad y Sufrimiento

¿Son acaso partes del Juego de la Vida?

"Dios creó todo; es lo que dicen.

Dios es un Creador Perfecto, el Único; es lo que dicen.

Dios creó al ser humano a *Su imagen y semejanza, con sus mismos atributos: divino, eterno, con poder de creación de potencial ilimitado;* es lo que dicen.

Y ahora eso de que ¡Dios y el ser humano somos compañeros en el Juego de la Vida!

Si Dios y yo somos realmente compañeros en el Juego de la Vida, entonces me pregunto,

¿Por qué yo, jugando junto a Dios como compañero de juego, sufro tanto frente al mundo y a los seres humanos si todo y todos somos Su creación?

¿Qué clase de creador es Dios?

¿Dónde está la perfección de Dios?

¿Dónde está la perfección del ser humano que es creación *a imagen y semejanza* de Dios?

La naturaleza del ser humano es divina y su creación es un acto de amor de Dios; es lo que se dice.

¿Cómo puede ser que el Creador Perfecto, el creador de Todo Lo Que Existe, de Todo Lo Que Es, haya creado un ser que no sólo sufre sino que hace sufrir tanto a otros?

¿Qué clase de juego es éste con tanto sufrimiento e infelicidad que plagan nuestro mundo desde que el ser humano hizo su aparición en la Tierra?

¿Éste es el mundo en el que juega Dios?

¡Oh, ya sé! Dicen que el demonio tiene la culpa de todos nuestros males.

Si existe un demonio, un ser opuesto a Dios como muchos creen, ¿que clase de Creador Perfecto es entonces Dios?

¿Por qué mi incesante lucha frente a muchos, muchísimos que dicen que creen en Dios, ¡y creyendo en Dios causan los males del mundo!?

El propósito de la vida es disfrutar; es lo que también dicen.

Unos me dicen que para ser feliz debo creer en Dios.

Otros son felices sin creer en Dios o actuando contra lo que dicen que creen.

¿Qué, o en quién debo creer entonces? Estoy muy confundido. Ya no puedo creer en nada ni en nadie.

Si Dios es la fuente del amor, la felicidad, el bienestar, y la salud, ¿por qué no alcanzo ni amor ni bienestar ni salud, a pesar de hacer todo lo que se me ha dicho que haga para eso?

¿Por qué no obtengo lo que dicen que Dios nos ha prometido a todos?

¿Qué clase de Dios es el que me han 'vendido' unos, por una parte, y del que habla Juan, por otra parte?

Si Dios responde a todos, ¿por qué no me responde a mí?

¿Dónde busco ayuda si ni el mundo ni Dios me la dan?

¿Me queda acaso algún recurso?

¿Dónde?

¿Dónde busco esa *Señal del Cielo* de la que muchos hablan pero pocos ven? ¿Por qué no puedo verla yo también?

¿Qué tengo que hacer ahora?"

Antes que nada, debes calmarte.

"¿Calmarme? ¿Acaso crees que dejaría de calmarme si pudiera hacerlo?"

Puedes hacerlo, si decides hacerlo.

Necesitas calmarte para encontrar lo que buscas.

La solución está a tu alcance; por ti mismo, por nadie más. Pero antes debes calmarte, y para ello tienes que aceptar las circunstancias que no pueden ser cambiadas; o aceptar lo que haya ocurrido, pues nada puede borrar lo que ya ha ocurrido.

Y luego, si dices que ya no puedes creer en nada ni en nadie, siempre puedes creer en ti, pues eso depende de ti, solo de ti, de nadie más.

Acepta, creyendo en ti, en tu poder de creación para resolver lo que te afecta, y eventualmente comenzarás a visualizar la solución, la que se hará realidad por ti mismo si te mantienes fiel a ti mismo, a las orientaciones que irán surgiendo dentro de ti.

"Entonces, si creo en mí, ¿no necesito a Dios?"

Dios es el proceso del que provenimos. Luego, jamás dejamos de necesitar a Dios, al proceso del que provenimos cuya información llevamos en nuestro propio arreglo energético trinitario *alma-mente-cuerpo* que nos establece y define como el proceso SER HUMANO consciente de sí mismo. No obstante, aunque no creamos en Dios inicialmente, al creer en uno mismo se nos abren las *"Puertas del Cielo"*, el acceso al proceso ORIGEN del que provenimos, pues somos partes inseparables de él, y éste, el proceso ORIGEN, no va a abandonar jamás a sus individualizaciones de sí mismo, y mucho menos cuando ellas hacen, o formulan, la declaración fundamental del proceso existencial consciente de sí mismo:

Yo creo en mí mismo.

Yo soy creador; yo soy el creador de mi experiencia de vida.

Entonces, el proceso ORIGEN del que provengo responde a mi reconocimiento que me hace Uno en Él; y nos hacemos compañeros de consciencia del proceso existencial, compañeros de la Consciencia Universal y co-creadores de la experiencia de vida que deseo hacer realidad. Y me recuerda que nada puedo crear que yo no crea antes.

Si algo deseo que se haga realidad, tengo que creer en mí mismo para poder alcanzarlo[a].

"Oh, muy bien, pero... ¿acaso no dicen que Dios ha hecho cosas por otros?"

Dios nos excita, se muestra a Sí mismo en nosotros, y estimula nuestros atributos primordiales; nos hace conscientes de nuestra capacidad racional, y del poder de creación con potencial ilimitado inherente a la mente humana; y nos guía, nos orienta nuestras decisiones si buscando la armonía con Él actuamos conforme a ello.

Dios no resuelve nuestros problemas.

Dios es nuestro "navegador" en el Juego de la Vida.

Si queremos conocer energéticamente a Dios, al proceso existencial consciente de sí mismo, y saber cómo actúa, entonces tenemos que ir a su estructura TRINITARIA PRIMORDIAL[b] de la que nuestra trinidad *alma-mente-cuerpo* es un sub-espectro a Su *imagen y semejanza*.

Si sólo deseamos beneficiarnos de Su guía (para todos los propósitos descriptos en la nota inicial DEDICATORIA) podemos leer y revisar la abundante información acerca de la experiencia de Dios en otros seres humanos, la que debe servirnos sólo como un estímulo para buscar nuestra propia experiencia, y nunca como una "receta" para nuestro caso particular. **No obstante, hay una guía primordial válida para todos desde la que partimos para crear nuestra guía individual.** No puede haber una sola "receta" pues somos, todos y cada uno de los seres humanos, una individualización particular de Dios que experimentamos un juego particular de emociones, de aspectos de Dios; cada ser humano tiene un propósito común a la especie, y otro propósito particular especial, único para cada uno; y la consciencia, el reconocimiento con entendimiento de nuestra relación individual, particular de cada uno de los seres humanos con Dios, tiene lugar sólo por la interacción íntima de cada uno con Dios.

(a)
Ver luego la sección Creer.

(b)
Referencia (A).1, Apéndice,
Antes del Big Bang,
Quebrando las barreras de tiempo y espacio.

¿Qué hay para mí en el Juego de la Vida?

Lo que deseas, si te atreves a hacerlo realidad

Depende de ti, no de la fuente, ya sea ésta Dios, el proceso existencial, o el universo, aunque tendrás la orientación de la fuente una vez que sepas cómo acceder a ella.

Tú eres el creador, el "cerebro" de lo que deseas, el piloto del proceso racional.

La fuente es siempre tu "co-piloto" en el juego; te orienta si tú la reconoces y tomando la decisión de seguirla te pones a hacer lo que se te orienta desde ella.

Tú haces lo que está en armonía con la fuente, y ésta mueve el universo para que lo que tú decides a tu nivel se haga real.

El juego es, al final, reconocer la orientación de la fuente frente a las distorsiones que introduce el mundo.

I

¿Qué traes para mí?

¿Un "Manual para el Juego de la Vida"?

Si estabas buscando un *"Manual del Juego de la Vida"* para ayudarte a crear la experiencia que deseas, realizar la mejor versión de ti mismo a la que alcanzas a visualizar, o crear un propósito para la circunstancia de vida en la que te encuentras ahora o en la que fuiste dado a esta manifestación de vida temporal, este libro podría ser ese "manual" válido para todos.

De este "manual" debes crear por ti mismo la versión que se ajuste a tu reconocimiento íntimo, profundo, como individualización de Dios, del proceso ORIGEN del que provenimos.

Si quieres saber de Dios como proceso existencial, de su estructura energética, e introducirte al mecanismo por el que nos relacionamos e interactuamos con ella a través de nuestra trinidad que nos establece y define como proceso SER HUMANO consciente de sí mismo, particularmente a través de la mente universal con la que compartimos un "canal", un sub-espectro, tienes la referencia (A).1, Apéndice. Aquí, en este libro, encuentras los aspectos que necesitas para generar tu "manual" que solo tú puedes hacer por ti mismo a partir de esos aspectos que son primordiales, son de aplicación universal, no dependen de ninguna cultura en particular; no obstante, se hace mención de mensajes u orientaciones primordiales que nos han llegado a través de mensajeros del proceso ORIGEN, de Dios para algunos, del universo para otros, que pertenecieron a la cultura judeo-cristiana, lo que de ninguna manera limita este libro sólo para quienes son de esa cultura. No. El proceso ORIGEN es el origen de todos los seres humanos, y las bases primordiales para el *"Manual del Juego de la Vida"* son provistas por el proceso ORIGEN para todos.

Luego, hacia el final del libro, tienes la sección *Dios, ¿por qué no me respondes?* para revisar las razones por las que, a pesar de tener las bases para generar nuestro *"Manual del Juego de la Vida"*, los seres humanos fallamos en conseguir lo que deseamos o fallamos en entender al proceso ORIGEN, a Dios o al universo, a nuestra Fuente.

NOTA.

A continuación veremos algunos aspectos introductorios a la relación entre Dios, el proceso existencial consciente de sí mismo o el proceso ORIGEN, y el proceso SER HUMANO. Siendo el ser humano una unidad de proceso consciente de sí mismo, a su vez parte inseparable del proceso ORIGEN en el que se encuentra inmerso, resulta más fácil visualizar el estado fundamental del ser humano, el *estado de sentirse bien*, como el estado a controlar por la identidad cultural, por el algoritmo de proceso consciente de sí mismo del ser humano.

No vamos a profundizar en ningún arreglo de control consciente de sí mismo que se cubrirá en otro libro, referencia (B).(I).2, ni vamos a extendernos en las otras secciones de soporte de esta guía. Aquí tenemos el propósito de suministrar una guía práctica para comenzar ya mismo a "navegar" el proceso existencial, o la vida, tal como lo deseamos, pero necesitamos tener esta introducción que nos permite visualizarnos a nosotros mismos, precisamente, como partes inseparables de ese proceso que deseamos "navegar". Al final de esta primera parte tenemos la *Guía para el Juego de la Vida*, un resumen de los aspectos fundamentales a tener en cuenta para desarrollar nuestra propia "carta de navegación".

II

Aceptación y creencia en sí mismo

"He decidido aceptar la realidad y enfrentarla haciendo algo por mí mismo"

La afirmación de que "Dios no resuelve nuestros problemas" deja algo más que incómodo al que cree en Dios cuando se le "visualiza" conforme a alguna de las versiones culturales que se han desarrollado en las múltiples diferentes sociedades que conforman la civilización humana en la Tierra.

La primera consecuencia es que nos hace darnos cuenta que nosotros, los seres humanos, somos los únicos responsables por encontrar la solución que buscamos, o más propiamente dicho, por crear la solución buscada, necesitada.

Quizás esta consecuencia no es tan dura para quienes ya cultivan el concepto de hacerse responsables de sus actos, y una de las maneras de mostrar esa responsabilidad asumida es, precisamente, resolver nosotros, cada uno de los seres humanos, las consecuencias colaterales de nuestras experiencias de vida.

Hacerse responsable de sus actos es la actitud del creador natural, seamos conscientes o no de ser los creadores de las consecuencias de nuestros actos.

No obstante nuestra decisión de asumir la responsabilidad por nuestras acciones, es ciertamente poco o nada comprensible por

casi todos, creyentes y no creyentes, y particularmente menos a-
ceptable por quienes vienen a este mundo, a esta manifestación
de vida con serias incapacidades o en precarias condiciones de
salud, el que seamos nosotros quienes tengamos que resolver u-
na condición que no fue nuestra creación y para cuya solución
simplemente no tenemos los medios para hacerlo; y si la solución
es cosa de evolución, de tiempo, eso obviamente no satisface al
que hoy, ahora, padece la situación irresoluble.

Nos preguntamos una vez más,

¿Quién es realmente Dios?

Si Dios es el proceso existencial consciente de sí mismo, ¿qué
clase de proceso tan inteligente, omnipotente y amoroso es, que
deja que ocurra lo que ocurre en nuestro mundo, en la Tierra?

Y entonces, finalmente, decidimos ponernos a entender.

**Si deseamos entender, entender es nuestra responsabili-
dad.**

¿Acaso podemos dejarle a otro que entienda por uno?

Podemos pedir a otro que nos ayude en el proceso de entender, de desarrollar consciencia a través del proceso racional, pero
si deseamos entender, tenemos que ponernos a entender.

Luego veremos que,

**entender lo que ocurre en el proceso existencial es par-
te fundamental para regresar al estado primordial del
ser humano, al *estado de sentirse bien* permanentemente, en cualquier y toda circunstancia temporal por
la que nos toque atravesar o enfrentar.**

Podemos ser felices sin entender nada, muchos lo logran, pero
aquí no buscamos mantener o regresar a un estado de felicidad
transitoria (el estado de felicidad permanente no existe), sino de
regresar al *estado primordial de sentirse bien* permanente e independientemente de lo que ahora nos lo permite disfrutar como
felicidad temporal conforme a la versión cultural que perseguimos,
y para ello, antes necesitamos revisar nuestras interpretaciones

de los *estados de felicidad*, transitorio, y de *sentirse bien primordial*, permanente.

Felicidad **es una emoción, un estado temporal de resonancia, de exuberancia energética de la estructura de identidad, que indica el logro de un propósito que por naturaleza también es temporal, no permanente.**

El *estado de sentirse bien* **es el estado natural del ser humano; es el estado libre de preocupaciones y de las expectativas y temores que limitan, inhiben o condicionan el disfrute del proceso existencial y del ejercicio del poder de creación para generar las experiencias de vida y los propósitos desde las condiciones en las que nos hallemos.**

Una vez que aceptas la realidad por la que atraviesas y decides hacerle frente, regresas al estado mental que te permite pensar coherentemente para entender, para encontrar la respuesta que buscas, o para crear la solución que necesitas.

"Obviamente, yo no me creé a mí mismo", comienzas a pensar por ti mismo; y lo importante es que sigas tu corazón, lo que sientes profundamente y no lo que te dice el mundo. Lo que creas debe ser tu conclusión íntima, aquéllo por lo que te defines a ti mismo.

Y continúas,

"Tampoco se creó a sí misma la especie de la que soy una reproducción. De manera que la primera conclusión que satisface mi sentimiento íntimo, profundo, es que ese proceso que nos dio lugar es al que puedo, y desde ya mismo lo hago, relacionar con Dios, con la versión limitada que he venido recibiendo desde el mundo".

Reconocer a Dios como el proceso existencial consciente de sí mismo, o a la inversa, nos conduce a la necesidad de entender el proceso existencial, a Dios, si deseamos conocer a Dios y saber por qué todo es como es, por qué ocurre lo que ocurre en el mundo (ocurrencia que ahora está fuera de nuestro control, colectivo e individual, y que nos afecta tanto).

Si deseamos saber, podemos saber, pero tenemos que estar preparados para ello; debemos hacernos libres de nuestras actitudes mentales condicionadas ahora por la influencia, por la inducción que hemos recibido desde la consciencia colectiva del grupo social al que pertenecemos, a través de nuestros padres, familias, amigos, líderes sociales.

Tenemos que hacernos libres de los paradigmas, de las referencias y orientaciones que nos inhiben, limitan o condicionan en el ejercicio de nuestra capacidad racional con poder de creación ilimitado para crear la experiencia de vida que deseamos o para desarrollar consciencia, entendimiento del proceso existencial.

¿Cómo sabemos qué referencias y orientaciones que nos han inculcado nos limitan, inhiben, o condicionan?

Son aquéllas que no nos dejan expresarnos y experimentarnos Quienes somos.

Son las que, a pesar de ser las referencias colectivas aceptadas y cultivadas y de regirnos por ellas, no nos conducen a sentirnos bien en cualquier y toda circunstancia de vida. Esto ocurre fundamentalmente porque esas referencias y orientaciones nos hacen depender, contra nuestra naturaleza y por la inducción cultural recibida, de condiciones temporales creadas por otros, a la medida de otros, para sentirnos bien; y <u>sabemos cuándo y cuánto dependemos de esas condiciones porque tenemos miedo de perderlas</u>, a tal punto que una buena parte de nuestros esfuerzos se van para la protección de esas condiciones, bienes temporales y expectativas, en vez de disfrutar la experiencia de vida frente a nuestra consciencia, y del ejercicio del poder de creación para alcanzar la más grande experiencia de todas: la de crear su propio propósito de vida frente a las circunstancias o parámetros de vida, o, en otras palabras, la de experimentarse a *imagen y semejanza de Dios*, <u>a imagen y semejanza del proceso existencial que sustenta el estado de sentirse bien y orienta la creación de las expe-</u>

riencias de felicidad... a pesar de las circunstancias temporales.
Ahora bien.

Podemos saber tanto como estemos dispuestos a trabajar por ello, a dedicarle tiempo para saber. Y debemos saber, valga la redundancia, que no podemos saber, entender, sino por la interacción directa, íntima, con Dios, con el proceso existencial consciente de sí mismo. Podemos recibir toda la información disponible, y considerar que sabemos cuando en realidad es solo tener información; otra cosa es tener consciencia, entendimiento de Dios, del proceso existencial, y ese entendimiento es resultado de la interacción directa, íntima, con Él.

No hay conocimiento de Dios sino por la interacción directa, íntima, con Dios.

Las soluciones que tanto anhelamos y necesitamos no puede dárnoslas un mundo que se vincula con una versión limitada, muy condicionada y hasta distorsionada, de nuestro Origen.

Tenemos que asumir, cada uno, la interacción con el proceso del que somos partes inseparables; interacción por la que realmente vamos a evolucionar a partir del nivel que alcanzamos por inducción desde la consciencia colectiva. El proceso de desarrollo de consciencia individual del ser humano tiene una etapa "forzada" por interacción con el grupo social al que pertenece, hasta que el individuo alcanza el reconocimiento de sí mismo; y luego sigue una etapa que tiene lugar por la interacción con otro nivel del proceso existencial, con Dios. Esta etapa voluntaria es, obviamente, por decisión individual como expresión de su voluntad, decisión que Dios nunca va a forzar sino que será indicación del individuo de estar listo para iniciar el "salto" a otro nivel o dimensión de consciencia, de realidad existencial. Frente a esta decisión es que el proceso existencial responde, o mejor dicho, que el individuo comienza a reconocer las "señales" desde el proceso ORIGEN en el que siempre se encuentra inmerso. Frente a esta decisión es que el individuo comienza a "sintonizarse" con Dios, a entrar en el "canal" de Dios y desarrollar armonía consciente con Él.

No obstante, ponernos a entender todo esto, el proceso existencial, cómo funciona, cómo funcionamos nosotros mismos, cómo nos relacionamos energética y emocionalmente los procesos ORIGEN y SER HUMANO, por qué nuestro mundo es como es, requiere de tiempo y gran dedicación, y por lo tanto, no resuelve nuestras necesidades fundamentales inmediatas.

¿Qué hacemos, entonces?

Veamos por partes.

- **Si lo que deseamos es conocer a Dios y entender el proceso existencial consciente de sí mismo, podemos hacerlo.**

Todos podemos entender el proceso existencial. Tenemos las bases para introducirnos en él en la referencia (A).1, Apéndice.

Está al alcance de quién tenga interés, y por lo tanto, que esté dispuesto a dedicarle el tiempo que requiere.

Tener interés en el proceso existencial o un aspecto de él es indicación de estar listo para asumir el desarrollo de consciencia, de entendimiento de él, por sí mismo.

Si deseamos conocer a Dios, necesitamos tiempo para dedicar a interactuar con Él, con el proceso existencial consciente de sí mismo a Quién decimos que deseamos conocer.

Cuando deseamos cultivar una relación íntima, particular, con el ser que amamos, con el que deseamos establecer la relación, no le pedimos a otra persona que lo haga por nosotros, ¿verdad? ¿Qué clase de relación particular estableceríamos a través de un tercero?

De igual manera, y con mucha más razón, tenemos que dedicarle a Dios un tiempo personal, íntimo.

Necesitamos dedicar un tiempo que el mundo no nos permite, nos lo niega, pues el mundo se desarrolla para satisfacer fundamentalmente propósitos temporales que no producen consciencia, que no resultan en entendimiento del proceso existencial que se necesita para trascender a otra dimensión de realidad existencial que es, precisamente, ¡la que buscamos!, la de sentirnos bien siempre, la de disfrutar siempre. El mundo, sus individuos, toman los propósitos para ser felices a través de ellos cuando la realidad es que <u>los propósitos son resultado de las creaciones del ser humano por las que muestra su estado de felicidad cultural</u> (una versión del estado de sentirse bien natural) con respecto a su estado natural, estado que pierde, del que se aleja o se "separa" por la distorsión de la interpretación cultural de Dios y el desconocimiento, la ignorancia, acerca del propósito del proceso existencial que es hacerse parte de Dios, de la Consciencia Universal, lo que no quiere decir nunca que deba renunciar a disfrutar la consciencia de placer. [Dicho sea de paso, ni siquiera Dios deja de tener una estructura energética como la del ser humano, aunque el cuerpo de Dios es la Unidad Existencial toda; y la estructura que sustenta el proceso consciente de sí mismo es la Forma de Vida Primordial, ver Figura I en la página 41, y nosotros somos una célula de consciencia de esa Forma de Vida. Referencia (A).1].

¿Cómo podríamos saber, y entender, que felicidad es un estado emocional transitorio de la estructura de identidad del proceso SER HUMANO, si no nos ponemos a revisar el arreglo sobre el que se establecen y sustentan las interacciones conscientes de sí mismas del proceso SER HUMANO, arreglo que es sub-espectro de la estructura de interacciones conscientes del proceso existencial, de la estructura de Consciencia Universal?

¿Cómo esperaríamos entender por qué sufrimos si no nos ponemos a conocer lo que genera las experiencias de sufrimientos e infelicidades en la estructura de consciencia del ser humano, que es, una vez más, un sub-espectro de la estructura de Consciencia Universal, Dios?

¿Cómo podríamos saber por qué Dios, sea nuestro creador o no, no puede interferir en nuestra voluntad aunque nosotros, Sus hijos, *Sus recreaciones de Sí mismo a imagen y semejanza de sí mismo*, hagamos uso de nuestra voluntad y poder de creación equivocadamente?

- **Si sólo deseamos ir hacia una vivencia mejor desde ahora, ya mismo, podemos hacerlo.**

Tenemos *orientaciones primordiales* que nos conducen hacia la vivencia que deseamos, y sin necesidad de tener que introducirnos en los aspectos energéticos del proceso existencial sino en las interacciones que establecen y sustentan su consciencia; en las interacciones con la Consciencia Universal de la que somos unidades inseparables y por cuya armonía alcanzamos el estado primordial de sentirnos bien en toda circunstancia.

Si estamos en armonía con el proceso del que provenimos, entonces estaremos en el estado primordial creado por él, o mejor dicho, inherente a él: en el estado de sentirnos bien intemporal, o permanentemente. Alcanzamos la armonía desarrollándonos por las *orientaciones primordiales*[a] (a las que luego revisaremos).

Seguir las *orientaciones primordiales* ¡es también interactuar con Dios!, con el proceso existencial del que somos partes inseparables.

Si buscamos sentirnos bien permanentemente, y eso lo alcanzamos en armonía con Dios y tenemos las *orientaciones primordiales* para entrar en armonía, ¿qué esperamos para hacerlo si sentirnos bien permanentemente es de nuestro mayor interés?

No obstante, interactuar con Dios no necesariamente nos exime de pasar por situaciones que retarán nuestros atributos naturales; pero estando en armonía con Dios tendremos acceso a las orientaciones para sortear la situación en la que nos encontremos, y estaremos tranquilos, a pesar de los retos a nuestros atributos. Siempre estaremos sujetos a pasar por situaciones que ahora nos afectan tanto, y entonces querremos saber, entender por qué todo es como es. Y cuando ya sepamos, cuando tengamos consciencia, conocimiento, entendimiento, es que finalmente seremos libres de las experiencias de sufrimientos e infelicidades.

¡ATENCIÓN!

Reiteramos que puede ser nuestro interés inmediato solamente el establecer una interacción consciente con Dios, con el proceso existencial, o simplemente estar en armonía con Él y beneficiarnos de ello para hacernos co-creadores de las experiencias y propósitos que deseamos, pero nunca dejaremos de tener experiencias de sufrimiento e infelicidad hasta que entendamos a Dios, al proceso existencial (aunque aprendamos a crear nuestras experiencias y propósitos). Entonces, antes de ir a la Guía para el Juego de la Vida presentamos las secciones que siguen para mostrar algunos aspectos en los que necesitaremos introducirnos una vez que decidamos asumir el control de desarrollo de nuestra conscientización, de entendimiento del proceso existencial; cuando decidamos conocer a Dios y nuestra relación primordial con Él.

(a)

¿Cómo sabemos que esas que veremos son las *orientaciones primordiales de Dios*, del proceso existencial consciente de sí mismo, y no otras interpretaciones culturales más?

Si nos llevan a sentirnos bien permanentemente son las primordiales dado que ninguna otras lo harán.

Si no las aplicamos, no lo sabremos.

Lo que nos conduce a sentirnos bien es lo bueno, o mejor dicho, es lo que está en armonía con la dimensión de consciencia *Madre/Padre* del proceso existencial del que somos la dimensión de consciencia de *Hijos*, las recreaciones de sí mismo de la dimensión *Madre/Padre* en proceso de sus desarrollos. Refs. (B).(I), 2 y 3, Apéndice.

III

Sentirse Bien

Es el estado natural del ser humano

La inquietud fundamental consciente de la especie humana es sentirse bien. Todos, absolutamente todos los seres humanos sin excepción, deseamos sentirnos bien.

Sentirse bien es el estado primordial del ser humano.

Estado primordial significa que viene con el ser humano, que es parte de lo que le define.

El ser humano no crea el estado de sentirse bien sino que desarrolla su capacidad racional conscientemente para mantener el estado primordial o regresar a él, a partir de él.

El estado de sentirse bien es la estimulación y la referencia primordial para el desarrollo de la capacidad racional del ser humano; y es el propósito del proceso racional que tenga lugar.

Todo lo que hace el ser humano es para sentirse bien biológica, mental y espiritualmente, es decir, en *cuerpo, mente y alma* respectivamente, para conservar este estado natural o regresar a él, frente a toda y cualquier circunstancia de vida en la que se encuentre.

No hay otro propósito sino diferentes percepciones que conducen a las diferentes interpretaciones o versiones que creamos y experimentamos.

Este propósito se lleva a cabo a través de un infinito número de actividades diferentes que conforman las variaciones a que da lugar la especie humana con su poder de creación de potencial ilimitado.

NOTA DEL AUTOR.

Lo que sigue de esta sección se ha tomado totalmente del libro *Antes del Big Bang, Quebrando las barreras de tiempo y espacio*, del mismo autor [referencia (A).1, Apéndice]. No se han modificado algunos breves aspectos del contenido que solo conciernen al libro del que proviene pues no afectan a lo que nos interesa aquí.

El reconocimiento del estado de sentirse bien como el nivel de consciencia primordial del ser humano a partir de la que desarrolla su identidad cultural, es la base para la motivación del ser humano a reconocer su ORIGEN y para establecer una relación íntima, consciente e interactiva con Él; de manera que esta parte de esta sección es realmente de tanto fundamento para este libro como lo fue para aquél del que se toma.

Reconocemos el estado de sentirnos bien frente a la experiencia de ser puestos fuera del estado de sentirse bien por la razón que sea: por nacimiento, por accidente, o como consecuencia de acciones propias o de otros; e incluso por estimulaciones primordiales o espirituales[Ref.(A).2, Lbro 1].

No necesitamos pensar, razonar, para reconocer el estado de sentirse bien al que deseamos regresar cuando somos sacados fuera de él, sino razonar cómo, qué hacer para regresar a él; por eso decimos que sentirse bien es un estado primordial, un estado que nosotros no hemos creado sino al que deseamos regresar o mantener.

No necesitamos pensar en nada ni estudiar nada para saber cuál es nuestro estado de sentirse bien; simplemente venimos con ese conocimiento, con esa <u>consciencia primordial que confiere una capacidad absolutamente igual para todos para desarrollar identidad temporal a partir de ella</u>, capacidad que luego es afectada culturalmente. [Las diferencias en el desarrollo racional observado entre individuos se debe a las diferentes generaciones primordiales a las que pertenecemos, y a las diferentes áreas de intereses de vida individuales (aparte de distorsiones biológicas creadas por quienes nos precedieron)].

Sufrimos dolor, y entonces deseamos regresar al estado biológico sin dolor.

Experimentamos desasosiegos, temores y preocupaciones, y entonces deseamos regresar al estado mental, o de procesamiento racional, libre de perturbaciones para ejercer plenamente nuestro poder de creación de potencial ilimitado y realizar las experiencias de vida que deseamos.

Sentimos inquietudes espirituales acerca de nuestros propósitos en la vida, y entonces deseamos respuestas u orientaciones y referencias para reconocer nuestros propósitos, o para crearlos.

Tampoco necesitamos aprender nada para *desear* regresar al estado de sentirse bien.

Desear es la palabra con la que nos referimos al sentimiento, a un *impulso absolutamente impensado, involuntario*, que nos mueve, que nos estimula a hacer algo para regresar al estado de sentirnos bien cuando somos sacados de él. Pensamos luego, qué y cómo hacerlo, para regresar al estado de sentirnos bien.

No solo los seres humanos reaccionamos de esta manera frente a lo que nos saca del estado de sentirnos bien. Todas las formas de vida[a] lo hacen en todo nivel de desarrollo de las estructuras energéticas que las establecen y definen desde una molécula de vida. Una bacteria, si la llevamos a un estado fuera de su estado de sentirse bien, de su estado natural en el que puede vivir, va a reaccionar de alguna manera, va a responder de una manera determinada por una inteligencia, por algún algoritmo de interacción... ¡a pesar de que no es consciente de sí misma! El estado fuera del natural se reconoce en el ser humano, y llama *deseo* al impulso que también reconoce y por el que se pone en marcha, pensando o actuando, hacia el regreso al estado de sentirse bien otra vez; es decir, vamos discriminando elementos de consciencia de la Consciencia Universal en la que estamos inmersos y de la que somos parte. En cambio, la forma de vida simple actúa a instancias de la Consciencia Universal. Ésta, la Consciencia Universal, es la que toma acción frente a las señales que recibe desde la forma de vida. Al nivel de forma de vida simple, la interacción es automática, es inconsciente; tiene lugar conforme a un algoritmo natural inviolable fijo que es válido entre ciertos límites de espacio y tiempo (algoritmo y mecanismo que da origen a las innumerables diferentes formas de vida a partir de un arreglo básico cuya información compartimos todas las formas de vida). Estamos inmersos en una estructura de inteligencia absoluta que está en otra parte de la Unidad Existencial, fuera de nuestro universo, pero <u>su pulsación está en el espacio inmediato que nos rodea</u>[Ref.(B).(I).3], aunque no la hemos podido discriminar todavía, por una parte, pero la experimentamos en nuestra estructura que nos sustenta como proceso SER HUMANO[b] consciente de sí mismo, por otra parte. A esa inteligencia, precisamente, es que nos dirigimos y la identificaremos energéticamente; y si lo deseamos, ¡interactuaremos conscientemente con ella! ¿Acaso no es eso lo que tratamos de hacer cuando nos dirigimos a Dios?

Somos permanente, incesantemente estimulados a interactuar con la inteligencia primordial, absoluta, para sentirnos bien en todo momento, en toda circunstancia de vida. <u>El sentirnos mal es la respuesta de la versión personal del algoritmo de Inteligencia de Vida Universal que llevamos en nuestro arreglo trinitario</u>, indicándonos, precisamente, que algo está mal en nuestro arreglo trinitario local; nos hacemos conscientes de ello, y entonces buscamos qué hacer, y cómo, para sentirnos bien otra vez.

¿Por qué somos estimulados por la inteligencia primordial?

Porque somos partes inseparables de ella, ¿por qué más?

Si nos sentimos mal nosotros, que somos sus unidades, sus individualizaciones en este entorno de la existencia, ella también se siente mal pues todos *"Somos Uno"*.

El estado de sentirse bien es el estado primordial de armo-

---

nía de todas las formas de vida con respecto a la Inteligencia de Vida Universal, su fuente, su origen, aunque ellas todavía no sean conscientes de sí mismas.

NOTA.

La Inteligencia de Vida Universal es la dimensión en nuestro universo de la Inteligencia de Vida Primordial que se extiende por toda la Unidad Existencial (nuestro universo es parte de la Unidad Existencial). Hay una jerarquía, un ordenamiento en la estructura energética existencial, pero a diferencia de nuestra jerarquización humana cultural, la jerarquización primordial es para asegurar la transferencia de las mismas propiedades a todos sus componentes (y las mismas oportunidades a sus unidades de inteligencia para los desarrollos de sus consciencias, y para crear y hacer realidad sus experiencias de vida).

Nos cuesta visualizar el ser parte energética (material y mecánicamente) inseparable de la Inteligencia de Vida Primordial, una sola unidad, porque no vemos nuestra conexión energética real que tiene lugar en el dominio de asociación de sustancia primordial no visible. Para visualizarnos como unidad con nuestra fuente tenemos que considerarnos como si ella, la Inteligencia de Vida Primordial, fuera una estación central de control y los seres humanos fuéramos sus unidades de reconocimiento que estamos en otro ambiente, en otro planeta, pero seguimos conectados por una señal, por <u>una onda de radio que nos hace parte del mismo y único sistema</u>. Esa onda, hebra energética, existe entre cada uno de nosotros y Dios, la Inteligencia de Vida Primordial, pero es de una frecuencia que no alcanzan nuestros instrumentos sino nuestro cuerpo, todo. Nuestra estructura biológica es una estructura receptora-emisora primordial; la piel es su antena. La distribución espacial de todas las cadenas genéticas de nuestro cuerpo forma un gran *sistema de resonancia,* un sistema de pulsación o vibración natural que puede dar "saltos" o pulsos de una magnitud distinguible del resto de pulsación; un sistema que es completamente análogo a los de nuestros equipos electrónicos de comunicaciones. En los sistemas electrónicos de los receptores de radio se

requiere que el circuito que recibe las señales de radio esté sintonizado a la frecuencia de transmisión (a la frecuencia de la onda
portadora de información) propia de la estación transmisora de radio que se desea recibir, y que todo funcione dentro del receptor
en armonía con la estación transmisora para que se pueda discriminar la señal que se desea (la onda portadora de la estación
transmisora) y demodular o decodificar la información contenida
en la onda portadora de información. El mismo código o protocolo
de modulación en el transmisor debe estar en el demodulador o
decodificador del receptor. Esto ocurre exactamente igual entre
Dios, el "transmisor", y todas las formas de vida, todos los "receptores" del universo y de la Unidad Existencial. [Ver este "transmisor" y el sistema que conformamos en las Refs. (A).1, y B.(I).2 y
(3). Cuando experimentamos una emoción, ésta es una resonancia (una exuberancia de energía que se libera) de nuestro sistema
resonante, de nuestro sistema de pulsación o vibración, y esta resonancia se transfiere al espacio. ¿Acaso no se habla de los que
transmiten "buena o mala" vibra que se transfiere al espacio que
nos rodea, y toca o afecta a quienes se hallan en él? ¿Acaso no
se acepta que el estado emocional ayuda o perjudica al proceso
racional y, o al estado de salud biológica? Ahora podemos comenzar a entender estas experiencias yendo a la estructura energética de la que provenimos, de la que proviene nuestra capacidad de generarlas y que las permite y sustenta].

Veamos la Figura II, Unidad Binaria Absoluta, al final de la sección siguiente.

Es el sistema [Dios-Ser Humano], [Fuente-Especie Humana],
[Madre/Padre-Hijo], [Inteligencia de Vida Primordial-Manifestación
de vida universal] que luego reconocemos como el sistema binario [Alfa-Omega] en la Unidad Existencial; es representación en
bloques de una unidad de resonancia, y de un sistema universal
de control; es la representación en bloques de la interconexión
entre los componentes de la Unidad de Recreación Absoluta.

Eventualmente llegaremos a entenderla.

[Ver en la referencia[c] la residencia de la estructura de la Inteligencia de Vida Primordial, de presencia eterna y obviamente previa al Big Bang y desde la que se transfirió a nuestro universo; nuestro universo no crea inteligencia sino que evoluciona redistribuyendo energía y desarrollando las estructuras materiales, las nuclearizaciones galácticas y estelares, incorporando la inteligencia que se le transfiere por la intermodulación de señales, por el "tejido" o la configuración de la red espacio-tiempo].

El concepto de armonía es fundamental en el proceso existencial; en el proceso ORIGEN de nuestro universo; en la estructura energética primordial en la que tiene lugar y se sustenta el proceso temporal UNIVERSO en el que estamos inmersos.

El concepto de armonía es fundamental entre los dos componentes de una *unidad de interacción* que tienen un mismo propósito por, y para el que se definen.

Armonía es la característica de interacción entre todas las formas de vida y su fuente, la Inteligencia de Vida Universal o Dios, por la que conforman y sustentan la Unidad de Vida.

Esta característica de interacción, *armonía*, por la que se preserva la Unidad Existencial entre la Inteligencia de Vida Universal, o Dios, y sus manifestaciones temporales (todas las manifestaciones de vida universal) ya ha sido descripta racional, matemáticamente, a un nivel elemental pero absolutamente análogo salvando la escala energética y complejidad de asociaciones e interacciones; no obstante, aún no se la ha reconocido como el *Principio Absoluto que rige las interacciones entre todos los componentes de la Función Existencial*, principio del que se derivan nuestras leyes universales. Ver referencias (A).1 y (B).(I).3.

Armonía es la característica natural de interacciones que permite y sustenta las transferencias de la información de vida y del *algoritmo o protocolo que rige las interacciones* que conducen a la consciencia de sí mismas de las formas de vida superiores, de los seres humanos.

Por interacción consciente en armonía con nuestra fuente

es que regresamos a, o mantenemos el estado de sentirnos bien permanentemente en cualquier circunstancia de vida.

Siempre estamos en interacción con nuestra fuente, aunque seamos inconscientes de ello, pero se estimula y espera que sea conscientemente conforme evolucionamos, pues establecer una interacción consciente con nuestra fuente, con el proceso existencial consciente de sí mismo, Dios, es el propósito de nuestra evolución. Hacernos parte consciente de la FUNCIÓN EXISTENCIAL es el propósito de nuestra evolución, para realizarnos plenamente conforme a nuestros atributos primordiales: eternos, conscientes de sí mismos, con consciencia del placer y capacidad racional con poder de creación con potencial ilimitado. Nosotros no desarrollamos consciencia por nosotros solos, sino que accedemos a la estructura de Consciencia Universal, a Dios, a través de nuestra actividad racional, a partir del nivel o dimensión de consciencia primordial indicada y experimentada por el estado de sentirse bien.

Todas las formas de vida que se van desarrollando en el ambiente apropiado, en la Tierra en nuestro caso una vez que en el planeta se alcanzaron las condiciones energéticas adecuadas, reciben desde la fuente la información que no tienen y necesitan para sus desarrollos, y luego liberan las experiencias que le indica a la fuente qué nueva información les hace falta a las formas de vida bajo el ambiente en el que están desarrollándose. Si las formas de vida no envían experiencias específicas esperadas por la fuente, ésta no va a enviarles nueva información a las formas de vida. Es lo que nos ocurre con la especie humana, por lo que dejamos de entender a la fuente, a la Inteligencia de Vida Primordial (o a su dimensión Universal) que nos estimula. Al actuar nosotros en desarmonía con la Inteligencia de Vida Universal, no es que realmente dejamos de recibir la información primordial, pues ella está siempre presente, sino que dejamos de reconocer la orientación que necesitamos para actuar para regresar al, o mantener el estado de sentirnos bien.

De manera que, una vez más, el estado de sentirnos bien es nuestro estado en armonía con el origen. Más aún, comenzamos a visualizar que sentirnos bien es la consciencia de la respuesta del algoritmo de la Inteligencia de Vida Universal, o Dios, del que provenimos y <u>cuya versión llevamos impresa en nuestro arreglo biológico.</u> (Luego veremos qué es lo que ocurre con esa armonía primordial cuando nacemos con problemas biológicos).

La capacidad de reconocer el estado de sentirse bien es, precisamente, la que nos fuerza, induce, involuntaria, impensadamente, a corregir lo que sea para regresar a él, y esa capacidad y orientación provienen de nuestro origen. Esa inducción a regresar al estado primordial es una fuerza primordial de la estructura de interacciones de la Consciencia Universal, como *amor y temor*, y es parte de la fuerza primordial de *gravitación universal* (como se ve en las referencias (A).1 y (B).(I).3.

El estado de no sentirse bien es una estimulación fundamental para ejercer nuestro poder de creación de potencial ilimitado para crear, generar una acción de regreso al estado primordial; poder que también es inherente al ser humano.

En la referencia (A).1 comenzamos la introducción preguntándonos por qué querríamos llegar a nuestro Origen absoluto y explorar la configuración energética de la Unidad Existencial que sustenta el proceso existencial que define Todo Lo Que Es, Todo Lo Que Existe, incluyendo nuestro universo y nosotros mismos.

Lo dijimos, y enfatizamos a continuación.

Si nuestro origen, el que sea, la Inteligencia de Vida Universal o Dios, nos ha provisto de la capacidad de reconocer el estado primordial al que somos forzados regresar, entonces nuestro origen tiene toda la información para hacerlo, y <u>el mecanismo de acceso a esa información es parte de nuestro arreglo</u> que nos define como seres humanos.

Somos resultado de un proceso energético de Creación o evolución, y para ello se ha seguido un algoritmo de proceso que ha quedado en nuestra propia estructura energética.

Si el estado de sentirse bien es un estado de consciencia de sí mismo del proceso ser humano, el algoritmo que le dio lugar ya estaba presente al iniciarse el proceso pues ningún proceso puede dar lugar a algo más inteligente que él mismo. Este principio se confirma exhaustivamente en todos los sistemas de proceso de nuestro dominio material, y tiene su origen en el proceso cerrado eternamente que ocurre a nivel absoluto, en la Unidad Existencial de la que nuestro universo es parte.

El proceso origen nos dio lugar por un mecanismo, Creación o evolución, en el que se incluyó todo lo que hacía falta para poder reconocer el estado de sentirse bien, y para ser forzados a regresar a él, pues es el estado natural.

Ese proceso que nos dio esa capacidad está impreso en nuestro arreglo biológico. Ese proceso se reconoce a sí mismo, pues si se siente bien se queda allí, y frente a todo lo que le saca de ese estado de sentirse bien reacciona para regresar él. Todo esto exige un *algoritmo de proceso de referencia* previo u origen, que se ha ido transfiriendo, desarrollando sobre el nuevo proceso, es decir, durante el proceso de Creación o de evolución del ser humano. Ese algoritmo origen de referencia, transferido al ser humano y presente en su arreglo energético, es el que determina la capacidad de reconocerse a sí mismo del estado primordial de sentirse bien del proceso que nos establece y define como ser humano. Es decir,

El estado de sentirse bien es nuestro estado de consciencia primordial.

El ser humano busca inconscientemente la armonía con el proceso origen al buscar siempre el estado de sentirse bien.

Luego, la única razón para buscar nuestro origen es porque de nuestra relación con él depende que alcancemos y mantengamos el estado de sentirnos bien en cualquier y toda circunstancia de vida a la que nos enfrentemos, o la que hayamos llegado a esta manifestación temporal.

Si todo lo que tenemos que hacer para ir a nuestro estado natural es entrar en armonía con nuestro proceso origen, necesitamos reconocer cómo hacerlo. Es lo que deseamos, y lo veremos más adelante en este libro, actuando con *Corazón de Niño*.

Cuando somos niños, ¿acaso no acudimos a nuestra madre para que nos proteja, guíe y enseñe a realizarnos en la vida en la Tierra? Pues ahora deseamos acudir a nuestro origen para entender cómo funcionamos nosotros mismos, cómo funciona el mundo, por qué todo es como es. ¿Quién nos lo va a decir sino la Fuente?

Aunque ahora no necesitamos conocer los detalles energéticos de Dios para tener una experiencia de vida en armonía con Él, con el proceso existencial del que somos partes inseparables, eventualmente desearemos conocer y entender el Origen Absoluto de Todo Lo Que Es, de Todo Lo Que Existe, el Origen de Dios mismo, del universo y del ser humano, y conocer y entender la estructura TRINITARIA PRIMORDIAL que sustenta las interacciones conscientes de sí misma, la Consciencia Primordial, Dios, pues de Todo Lo Que Es, de Todo Lo Que Existe, llevamos en nuestra propia estructura trinitaria *alma-mente-cuerpo* toda la información y el protocolo de interacción que necesitamos para interactuar con Ella, la Consciencia Primordial, Dios, y juntos hacer realidad la experiencia de vida que deseamos, cambiar nuestra dimensión de consciencia existencial, o para cambiar la realidad en la que nos encontramos. Esto es lo que realmente anhelamos, y este anhelo nos lleva a la Fuente.

Ya sea una Creación o una evolución el mecanismo por el que desde el Origen absoluto llegamos a esta manifestación temporal en la Tierra, sentirnos bien depende de nuestra relación con él.

¿Por qué se insiste en esto de Creación o evolución?

Porque <u>desear sentirnos bien no depende de qué creamos que sea nuestro origen</u>; y sea lo que sea que creamos, es frente a creer en un origen que podemos iniciar un proceso

de regreso al estado de sentirnos bien. **Creer en un origen, el que sea, es establecer una relación fundamental para el proceso de desarrollo de consciencia, y ese proceso se irá corrigiendo en la interacción a la que se invoca por creer.**

Podemos creer en Dios como nuestro creador, y creer que no tenemos motivaciones para conocer nada más energéticamente acerca de nuestro origen ni del universo, pero no conocemos realmente a Dios. Tenemos una idea muy limitada acerca de Dios; ni siquiera nos atrevemos a darle estructura energética a Dios siendo que estamos dentro de ella. Creemos que Dios es inmaterial cuando no hay nada que sea insustancial; la materia es solo un estado de asociación de la sustancia primordial, y lo poco que visualizamos de Dios está en otro estado de asociación de la misma sustancia primordial de la que estamos hechos todos los seres humanos, todas las formas de vida, la materia toda, y las estrellas y las galaxias.

« Tú y Yo estamos hechos del mismo polvo de estrellas (de sustancia primordial) ».

Podemos creer tanto como queramos en Dios, no obstante,

no sabemos cómo interactuar con Él para regresar al estado de sentirnos bien en cualquier y toda circunstancia de vida, ni para hacernos co-creadores de las experiencias de vida que deseamos, ni para hallar las respuestas a las inquietudes fundamentales de la especie humana que ciencia ni teología nos proporcionan.

Se nos ha dicho y creemos que somos recreaciones o individualizaciones de Dios, del *Creador o del Proceso Origen Perfecto*, a Su *imagen y semejanza*; sin embargo, algunos arribamos a esta manifestación de vida con problemas biológicos que no nos permiten disfrutar de un estado normal frente al resto de la especie. Esas deficiencias con las que llegamos algunos no son resultados de nada erróneo en el proceso origen que nos da lugar como especie, sino de desviaciones en nuestros desarrollos por las que introducimos las variaciones genéticas que se transfieren a las siguientes generaciones. Frente a esas deficiencias debemos revisar el propósito fundamental de establecer una relación consciente con nuestro origen, como sigue.

De nuestra relación con el proceso del que provenimos, sea por Creación o por evolución, depende que podamos,

- Sentirnos bien permanente e independientemente de las circunstancias de vida temporal;
- Encontrar las respuestas a las inquietudes fundamentales íntimas, y orientaciones frente a los casos particulares en los que nos encontramos o bajo los que somos dados a esta manifestación de vida temporal;
- Crear un propósito frente a, y desde un estado o experiencia de vida indeseado;
- "Saltar" al propósito absoluto, único para todos, al que sólo llegamos si luego de inferirlo y reconocerlo lo ejecutamos en interacción íntima con nuestro origen y no de ninguna otra manera.

Inteligencia de Vida Primordial.

Espíritu de Vida.

Enfaticemos en *Inteligencia de Vida Primordial* como nuestro origen, para quienes lo visualizan así por las razones que sean.

Cómo le llamemos a nuestro origen no tiene ninguna importancia, no afecta en absoluto al propósito que nos mueve hacia él, y esta participación es para todos, ya sea que crean en Dios, en evolución, o en alguna presencia fuente.

Se justifica emplear la expresión *Inteligencia de Vida Primordial; o Espíritu de Vida,* como intención y propósito de la *Forma de Vida Primordial* cuyo algoritmo por el que se define, se sustenta, y es consciente de sí misma, es la *Inteligencia de Vida Primordial.* Ya veremos esto, luego, en un arreglo de control simple.

Es importante lo anterior, por una parte porque siendo eterna la *Inteligencia de Vida Primordial* no hubo nunca una creación de vida; y por otra parte, para quienes creen en un Creador de Todo Lo Que Es, Todo Lo Que Existe, les resultará más sencillo asociarle una estructura material al *Espíritu de Vida*, y que realmente tiene, ya que nada puede existir que no sea hecho de "algo", de sustancia primordial y sus asociaciones.

Inteligencia es la capacidad de adquirir conocimiento y desarrollar habilidades; es la capacidad de toda forma de vida[a] de interactuar para conservar una identidad propia frente al resto del universo y adaptarse a las condiciones energéticas; es el algoritmo de control de un proceso que da lugar a otro proceso inteligente partiendo de una referencia que también es inteligente. Por ello es que sólo nuestra relación íntima con nuestra fuente es lo que nos lleva de regreso a nuestro estado natural de sentirnos bien, y nos permite mantenerlo en toda circunstancia de vida. ¿Acaso no lo experimentamos junto a nuestra madre en la Tierra? Emplear la expresión *inteligencia de vida* como fuente nos recuerda permanentemente que la inteligencia consciente de sí misma del ser humano no es resultado de una evolución temporal ya que nada puede ser más inteligente y consciente que el proceso eterno del que proviene. Lo que proviene de una evolución es el arreglo energético que sustenta el proceso SER HUMANO.

Por *configuración de la inteligencia fuente* nos referiremos a la configuración de la estructura energética que sustenta la inteligencia de vida primordial: la interacción consciente de sí misma.

El estado de sentirnos bien, la capacidad de reconocerlo, y la inducción (el deseo) para regresar o estar en él, nos son dados conscientemente por el proceso del que provenimos. Nuevamente, nada puede resultar más inteligente ni consciente que el algoritmo que rige el proceso que nos da lugar. Nuestro propio desarrollo de consciencia es parte del proceso por el que llegamos hasta la Tierra.

En el ser humano ya consciente de sí mismo, el estado de sentirse bien es el *estado de consciencia primordial* sobre el que va a desarrollar su *identidad propia* en este entorno del universo, del proceso universal. Frente a lo que nos saque del estado natural de sentirnos bien reaccionaremos involuntaria y primordialmente para regresar a sentirnos bien; regreso que tendrá lugar por un proceso (*identidad cultural*) particular para cada uno siguiendo estimulaciones locales dadas por, y tomadas desde la consciencia colectiva del grupo social al que pertenecemos.

La identidad que desarrollamos en este entorno del universo es la *identidad temporal cultural* frente a las circunstancias temporales que nos rodean o en las que nos hallamos manifestados e inmersos; es la identidad que nos dirá qué hacer, y cómo, para regresar al estado natural, primordial, a nuestra *identidad primordial*, y será frente al mundo presente, actual y tal como es, que podemos ejercitar el poder de creación inherente al ser humano.

¿Es el mundo, nuestra civilización de la especie humana en la Tierra, tal como es por algún diseño con ese propósito específico? ¿Es parte de un proceso natural? ¿Es por alguna desviación del proceso fuente? ¿Hay alguna intervención extraña?

Podemos saberlo. Referencias (A).1 y (B).(I).3.

Para quienes creen que somos totalmente provenientes de una evolución, sepan que ninguna evolución, ningún proceso de redistribución energética puede dar lugar a una inteligencia consciente de sí misma, a menos que el algoritmo del proceso sea consciente de sí mismo, y que la referencia también lo sea. La comunidad científica sabe esto, o tiene las herramientas racionales para saberlo, y cuenta con datos de observaciones y abundantes experiencias para confirmarlo.

Si estamos en una Unidad Existencial eterna, ésta es cerrada total, absolutamente. Luego, si hoy hay un proceso consciente de sí mismo en nuestro universo, ese proceso es manifestación del proceso existencial consciente de sí mismo eternamente en la Unidad Existencial de la que el universo es parte temporal.

Hay una inteligencia (un arreglo, una configuración energética) a la que hoy podemos llegar, previa al inicio de nuestro universo; una *inteligencia fuente absoluta* con respecto a la cuál somos "creados", o mejor dicho, de la que somos sus recreaciones a su *imagen y semejanza* a través de un proceso de redistribución energética de la estructura que establece y define esa *inteligencia fuente* y el proceso de interacciones por la que ella sustenta su consciencia de sí misma. Por esa redistribución se transfieren las unidades de inteligencia (el arreglo energético de las individualizaciones de la *inteligencia fuente*) y sus consciencias primordiales, y se estimulan sus desarrollos.

La inteligencia fuente absoluta se transfiere a sí misma a través de la pulsación o vibración universal, como parte de la intermodulación o "tejido" de la red espacio-tiempo del universo[Ref. (B).(I).3].

El proceso consciente de sí mismo que nos establece y define como seres humanos es un proceso de redistribuciones de energía e interacciones y comparaciones entre estructuras de información y experiencias, que tiene lugar y se sustenta en una estructura en tres dimensiones energéticas a las que reconocemos como *alma, mente y cuerpo*, que es a *imagen y semejanza* de la estructura, también trinitaria, que le da lugar (estructura de la inteligencia fuente, de la TRINIDAD PRIMORDIAL).

El proceso que nos establece y define a todos los seres humanos en este entorno del universo se reconoce primordialmente a sí mismo en el estado de sentirse bien, con características que son particulares, únicas para cada uno, que le hacen ser a cada uno una individualización particular, única, del proceso universal. Todos y cada uno de los seres humanos deseamos sentirnos bien, aunque tenemos particularidades en lo que define el estado de sentirse bien de cada uno y que es lo que hace que reaccionemos diferente frente a lo que a todos nos saca del estado de sentirnos bien. Cómo manejar esas particularidades, nuestras parti-

<u>cularidades</u> íntimas, sólo nos lo puede decir el proceso origen del que cada uno somos una individualización. Y para que nos lo "diga", o para que alcancemos la información específica, única, debemos interactuar directa, íntimamente con él; cada uno con él, y no a través de ningún intermediario.

Luego, es de nuestro mayor interés, de todos los seres humanos, llegar a nuestro origen, a la Inteligencia de Vida Universal o a Dios, para obtener la información, respuestas u orientaciones individuales, específicas, particulares para cada uno, que necesitamos para regresar a, o mantener nuestro estado de sentirnos bien bajo cualquier y todas las circunstancias de vida a las que nos enfrentemos, o frente a las circunstancias indeseadas a las que arribamos a esta manifestación en la Tierra, pues el estado primordial de sentirnos bien no lo hemos creado nosotros sino que nos ha sido dado por la fuente, la que sea; y para el caso en que no arribamos a esta manifestación de vida en el estado primordial de sentirnos bien, es la fuente la que nos induce el deseo de ir hacia ese estado, y cómo lograrlo. El deseo es en sí mismo una invitación desde el proceso existencial a interactuar íntimamente con él. Una vez que lo reconocemos así y comenzamos a actuar en base a este reconocimiento, se va "abriendo" la interacción consciente entre la fuente y su recreación de sí misma.

Nuestra fuente es la dimensión de consciencia _Madre/Padre_ del proceso existencial que estimula y guía a la dimensión _Hijo_, a la especie humana, a la recreación de sí misma que se encuentra en desarrollo hacia ella.

Ahora bien.

Conviene tener presente lo siguiente [con lo que concluímos esta parte tomada de la Referencia (A).1].

Ya hemos establecido la motivación fundamental válida para todos los seres humanos sin excepción, inenarguible, inespeculable, por la que luego desearemos llegar a la inteligencia primordial de la que provenimos y de la que somos sus unidades inseparables: es de nuestro mayor beneficio llegar a la inteligencia primordial, a nuestro origen, porque nuestra calidad de vida permanente, en todo y cada instante, depende de nuestra relación voluntaria, consciente, con ella, la fuente.

No obstante, algo tenemos que hacer, cada uno por sí mismo, para llegar a nuestra fuente conscientemente, reconocerla y entenderla, para establecer y cultivar luego una interacción íntima en otra dimensión de realidad existencial, si es lo que deseamos.

No necesitamos ir físicamente a ninguna parte en particular para reconocer esta inteligencia pues ya estamos dentro de ella, somos parte de ella. Solo debemos visualizarla completamente, y aquí es donde está el gran reto. Sólo llegamos a ella completamente a través de la mente; sólo es explorable mentalmente, aunque es experimentable en nuestro propio arreglo trinitario que nos establece y define como proceso SER HUMANO.

La configuración de la inteligencia fuente se extiende en ambos dominios energéticos[d]: el nuestro, *material*, y el que llamamos *primordial, o espiritual,* al que no alcanzamos con los cinco sentidos (vista, oído, olfato, gusto y tacto) ni con la instrumentación, sino con la mente.

Inferiremos la <u>configuración energética</u> de la inteligencia fuente (cuya presencia ya reconocemos a través de nuestra consciencia primordial, nuestro estado natural de sentirnos bien) a partir de las observaciones de la fenomenología energética en nuestro universo, y luego la <u>confirmaremos en la consolidación</u> de nuestras leyes universales, por una parte, y <u>por las experiencias en nosotros mismos</u> de los resultados de las interacciones con ella, que es algo muy diferente, por otra parte; todo realizable a través de un proceso racional al que nos iremos introduciendo con algún detalle luego: en este libro, para el reconocimiento y la exploración energética de la inteligencia fuente, de nuestro origen; y para establecer y cultivar la interacción íntima con la fuente, ver Apéndice, Otros Libros.

(a)

Forma de vida es todo arreglo energético que se desarrolla interactuando con el medio energético en el que se encuentra (en realidad interactúa con toda la información universal que converge al entorno en el que se halla la *forma de vida*), y que se reproduce por sí mismo, solo o por interacción entre unidades binarias macho-hembra).

(b)

El proceso SER HUMANO es un sub-proceso del proceso existencial.

Sus componentes en los diferentes arreglos de la estructura trinitaria sobre la que tiene lugar y se sustenta el proceso consciente de sí mismo, son los siguientes,

Biológico: todas las redistribuciones de energía; la re-energización de las estructuras materiales (moléculas de vida, células), sus disociaciones y re-asociaciones;

Mental: las interacciones con las estructuras de información [energética (los fenómenos universales y la Tierra) y con las manifestaciones de vida (vegetal, animal, humana)], y la comparación entre sus efectos, las experiencias, en diferentes entornos y tiempos;

Espiritual: las orientaciones (sentimientos), reconocimientos (consciencia primordial) y estimulaciones (deseos), todos primordiales; los efectos, las experiencias (emociones); y los pensamientos.

(c)

En la referencia (A).1, *Antes del Big Bang*, Apéndice.

(d)

Veremos que Todo Lo Que Es, Todo Lo Que Existe se conforma de alguna asociación de sustancia primordial de la que todo se genera y se re-crea, que se reconoce y revisa en la Referencia (A).1.

Dominio material es la asociación de sustancia primordial que da lugar a las partículas primordiales y cuyas asociaciones, a su vez, dan lugar a la materia; son las asociaciones visibles, sensables por nuestros sentidos materiales (vista, oído, olfato, gusto y tacto).

Dominio primordial es el definido por las asociaciones de sustancia primordial que establecen y definen a las partículas primordiales, las que no pueden ser detectadas y medidas directamente sino a través de sus efectos en las asociaciones del *dominio material*.

IV

Dios

Sea que creamos en Dios como Creador, o como una Presencia Inteligente Consciente que rige el universo y todo lo que existe, tenemos la tendencia a personificar a Dios a nuestra manera, de "humanizarlo", de atribuirle características humanas.

Esto es porque en este dominio de la existencia somos nuestra propia referencia y nos resulta algo difícil ver al universo como alguna forma de vida primordial, y mucho menos como una entidad consciente de sí misma.

Frente al universo somos para él como una célula de nuestro cuerpo lo es para nosotros: una célula que no alcanza a imaginar dónde está inmersa ella misma, ni mucho acerca del proceso del que es parte inseparable; sí, es inseparable, pero funcionalmente, pues si ella desaparece otra célula la reemplaza. **La presencia de esa célula puede desaparecer como arreglo físico en una dimensión energética, pero no la función que cumple ya que para conservar la unidad funcional debe ser sustituída o asumida por otra entidad.** (No obstante, hay quienes pierden permanentemente una parte del cuerpo, como piernas y, o brazos, un riñón o un pulmón, pero su función en la estructura de consciencia es asumida por otro arreglo o una redistribución en la trinidad *alma-mente-cuerpo*).

En parte, Dios mismo, proceso ORIGEN del que provenimos, es responsable por esa tendencia general a "humanizarle", porque Dios nos estimula y responde conforme a nuestra consciencia desarrollada. Si creemos en Dios como nuestro Origen y lo re-

---

lacionamos con quién nos haya orientado hacia Él, un profeta o un ser muy espiritual, y ya estamos listos para "saltar" a otro nivel de consciencia de Él, probablemente nos estimule incluso a través de una imagen humana, el profeta o ser espiritual, que lo "representa" sólo para estimular al receptor de Su estimulación.

Pues bien, la realidad del mecanismo de estimulación de Dios es un poco más elaborada.

Es nuestra mente la que le asigna una imagen humana a una manifestación de Dios.

No vamos a entrar en detalles aquí.

El mecanismo de estimulación de Dios es algo que podemos explorar extensamente en la referencia (A).2, Libro 1, Apéndice.

Aquí nos interesa reconocer y relacionarnos con DIOS, con la Unidad Existencial, Todo Lo Que Es, Todo Lo Que Existe; con la fuente de todo lo que se experimenta en nuestro dominio material temporal del proceso existencial. Pero iremos por parte.

A nivel de nuestro universo la Consciencia Universal es Dios; es un nivel de DIOS. Nos referiremos aquí a Dios[Ref.(A).1]. Por ahora la diferencia entre DIOS o Dios no tiene ninguna importancia para nosotros; es puramente estructural, energética.

La consciencia de nuestra Fuente, el proceso UNIVERSO, es la Consciencia Universal; es la que tiene la Realidad Absoluta del sub-proceso existencial que se establece y sustenta en nuestro universo.

La Consciencia Universal es la única fuente de consciencia de todo lo que experimentamos en nuestro universo; *es la consciencia fuente* que alcanzamos a través del proceso racional que es parte de la mente universal. Nosotros, los seres humanos, no somos conscientes por sí mismos sino partes o unidades de interacción, unidades de inteligencia de la Consciencia Universal.

La mente de la especie humana es un "canal", un sub-espectro de la mente universal, de la mente de Dios. Si deseamos tener una analogía de la *mente del proceso existencial*, tenemos que recurrir a nuestros sistemas de comunicaciones.

34

[Referencias (A).1, y (B).(I).2 y 3, Apéndice].

Si no se creyera en Dios como Fuente o proceso ORIGEN, entonces,

¿Quién es nuestro origen?

¿De donde vienen nuestros atributos?

Nosotros no creamos inteligencia ni capacidad racional, mucho menos consciencia, sino que las desarrollamos a partir de un nivel básico que nos es dado por el proceso del que provenimos.

El nivel de consciencia primordial del ser humano con el que somos dados a la vida es el *estado de sentirse bien*.

El estado de sentirse bien es el estado natural con el que son dadas a la vida todas las manifestaciones de vida aunque no sean conscientes de sí mismas.

(Revisitar la sección Sentirse Bien).

Tenemos que reconocer nuestro origen, el proceso ORIGEN del que provenimos, no importa el nombre que le demos, Dios, Fuente, Consciencia Universal, Inteligencia de Vida, Espíritu de Vida, Fuerzas Naturales, Universo, ni importa el mecanismo por el que provenimos, creación o evolución, pues mientras no lo hagamos no resolveremos nuestra inquietud fundamental de sentirnos bien frente a cualquier y toda circunstancia de vida. Ya lo mencionamos en la sección anterior.

Necesitamos reconocer y establecer una relación consciente con nuestro ORIGEN, Dios pues constituímos una Unidad Binaria de Consciencia.

Dios y la Especie Humana Universal (no solo la de la Tierra) somos los dos componentes inseparables por cuyas interacciones se sustenta la Consciencia Universal.

Dios y la Especie Humana Universal conforman un sistema de interacciones armónicas[Ref.(A).1].

Armonía es la característica de las interacciones por las que se sustenta la Unidad Existencial y su Consciencia de Sí Misma.

Ver sección Armonía, más adelante.

¡ATENCIÓN!

Quienes creen sólo en una evolución se olvidan que ningún proceso puede generar inteligencia consciente de sí misma, sino a partir de una referencia que ya lo sea. Ciencia y Teología saben este Principio de Exclusividad Mutua entre la Inteligencia Consciente y No-Consciente. No hay inteligencia no consciente, sino niveles de consciencia, de reconocimiento con entendimiento de la Unidad Consciente Absoluta.

Nuestro universo está inmerso en la Unidad Existencial.

Así como personificar humanamente a Dios es incorrecto, asignarle una naturaleza inmaterial es también erróneo, es resultado de una concepción limitada de la Realidad Absoluta.

Es entendible nuestra limitación pues estamos en un proceso de evolución hacia esa Realidad, pero podemos crecer y superar esa limitación, y se espera que lo hagamos pues estamos "diseñados" naturalmente para eso si nos atrevemos a dejar de depender de las versiones del mundo, ya sean de la comunidad científica o la teológica[Refs.(A).1 y (B).(I).3].

Dejar de depender de Ciencia y Teología no significa rechazar estas disciplinas del proceso racional, sino crecer a partir de sus referencias y orientaciones prevalentes en el presente.

Podemos formular la siguiente pregunta a "Teología" (en realidad es una pregunta a nosotros mismos situándonos en la disciplina racional que definimos como Teología).

Si somos la *recreación a imagen y semejanza de Dios*, con Sus mismos atributos, divinos, y con capacidad racional y mente con poder de creación de potencial ilimitado,

¿Cómo podríamos serlo si no tuviéramos la misma naturaleza energética, si no estuviéramos hechos ambos, Dios y el ser humano, del mismo "polvo de estrellas", como Dios mismo nos lo dice y que se acepta implícita, mayoritariamente, en la expresión

"Del polvo venimos y al polvo regresamos"?

Dios es energía, es lo que se cree, pero energía es un efecto de la sustancia primordial [detalladamente cubierto en la referencia (A).1, Apéndice].

De manera que Dios, la Consciencia del proceso existencial, es el resultado de un extraordinario proceso de intercambios energéticos entre el infinito (por inmensurable) manto de sustancia primordial y sus asociaciones, las estructuras energéticas, todas, de la Unidad Existencial de la que nuestro universo es parte.

« Estás en Mi Vientre ».

El manto de sustancia primordial es el *fluído primordial*, el líquido amniótico primordial[Ref.(A).1] en el que está inmerso Todo Lo Que Es, Todo Lo Que Existe, incluyendo nuestro universo.

Las asociaciones de la sustancia primordial es la materia, es la materia prima, nuestra materia prima, en este nivel del proceso existencial; pero la sustancia primordial de la que resulta nuestra materia es la misma y única sustancia que la del nivel de Dios. La sustancia primordial es eso, es la sustancia a nivel absoluto, sin asociaciones, nada más, o con asociaciones que no alcanzamos con los sentidos materiales ni con la instrumentación sino por su integración o suma, por su asociación en el tiempo.

Dios es simplemente el nivel de la Consciencia Universal hacia la que evolucionamos Sus unidades en desarrollo en esta dimensión energética de la Unidad Existencial.

La relación energética y funcional entre Dios y la especie humana se lleva a cabo análogamente, obviamente que a otra escala de complejidad funcional, a lo que tiene lugar en nuestro cuerpo, en el que un agente molecular o celular se origina en una entidad del cuerpo, y va a integrarse, a hacerse parte de otra entidad

---

en el cuerpo, o parte de la función que tiene lugar en esa otra entidad biológica.

Si manejáramos mejor el concepto de ondas espaciales y de las hebras energéticas, de las hebras que se forman por la pulsación del manto energético en la misma dirección y en fase entre sí (hebras que se forman en un dominio no visible), no tendríamos dificultad en entender rápidamente esta vinculación entre los diferentes niveles de la estructura de interacciones que componen y sustentan la Consciencia Universal. En nuestro cuerpo, los componentes móviles se desplazan hacia donde deben ir por los flujos corporales, y reconocen sus destinos por sus estados de vibración o pulsación, de ambos, de las entidades receptora y donante. Ver Referencias (A).1 y (B).(II).3, Apéndice.

Dios tiene una estructura energética trinitaria.
Es la trinidad Primordial que la Teología Cristiana reconoce como *Padre (Mente), Hijo (Cuerpo) y Espíritu Santo (Alma).* Somos partes (*Hijos*) de Dios.

¡ATENCIÓN!
Si se desea, véase antes una introducción a la Trinidad Energética y la Figura V allí, que se encuentra después de la sección Ser Humano.

Dios tiene cuerpo.
Es toda la sustancia natural, primordial, de la que todo se genera y recrea, cuyas asociaciones originan la materia desde partículas primordiales, pasando por los electrones y átomos, moléculas de vida, hasta las galaxias y sus constelaciones. El cuerpo de Dios, la Forma de Vida Primordial, es la de la Figura I, de la que nuestro universo es un entorno temporal, es la hiper galaxia Alfa allí indicada.

Dios tiene alma.

Es la estructura primordial que rige el proceso de inducción e-energética (que da lugar a la evolución universal) y estimula las interacciones que sustentan la Consciencia Universal. Así como nosotros tenemos un arreglo primordial de moléculas de vida, de moléculas ADN sobre el que se desarrolla nuestro cuerpo, así tiene lugar también en el cuerpo de Dios, a otra escala energética, a partir de esa misma y única estructura primordial a la que ahora podemos llegar con la mente.

Dios tiene mente.
Es la *mente universal*, es la intermodulación del manto energético universal que se hace consciente de sí mismo; es el "entretejido" de la red espacio-tiempo del manto energético universal al que no llegamos sino por sus efectos: los sentimientos, pensamientos y consciencia (las emociones son aspectos de consciencia).

Como Consciencia Universal del proceso fuente de Todo Lo Que Es, Todo Lo Que Existe, Dios se extiende a Sí Mismo a Todo Lo Que Es, Todo Lo Que Existe; eso es amor incondicional, irrestricto. Lo hace a través de la pulsación universal, de la pulsación de la Forma de Vida Primordial que se transfiere por el manto de fluído primordial, por la red espacio-tiempo de nuestro universo Refs.(A).1 y (B).(I).3

Dios es Perfecto.
Sólo hay un proceso existencial consciente de sí mismo que se sustenta eternamente a sí mismo por los procesos de re-energización y de recreación de sí mismo, y de re-estimulación por sí mismo.
La eternidad ha sido reconocida por Ciencia y por Teología.
Una introducción al mecanismo de Conmutación Universal por el que tienen lugar los procesos de re-energización y recreación se presenta en la referencia (A).1, Apéndice.

El ser humano es perfecto.

Lo que hace perfecto al ser humano, a todos y cada uno, es su "lugar" en el proceso existencial; es su naturaleza como un aspecto único del proceso existencial que tiene lugar dentro de la Unidad Existencial; es su particularidad como una individualización única de Dios; es su función particular en el proceso de conscientización universal.

Se toma al ser humano como imperfecto por sus errores que son propios de una individualización del proceso existencial que se halla en proceso de evolución, en proceso de integración a la estructura de Consciencia Universal.

La estructura trinitaria del ser humano es parte de la de Dios.

El arreglo trinitario del ser humano *alma-mente-cuerpo es* parte o sub-espectro de la Estructura Trinitaria Primordial de Dios; por lo tanto, es más fácil llegar a reconocer y entender las interacciones entre las mentes de Dios, la del ser humano, y las de las estructuras intermedias o espíritus que co-existen temporalmente frente a la eterna.

Siguen algunas ilustraciones, luego continuamos con Ser Humano donde nos referiremos a las Figuras III y IV, y una introducción a la Trinidad Energética y su analogía en la estructura del átomo, Figura V.

Unidad Existencial

Forma de Vida Primordial

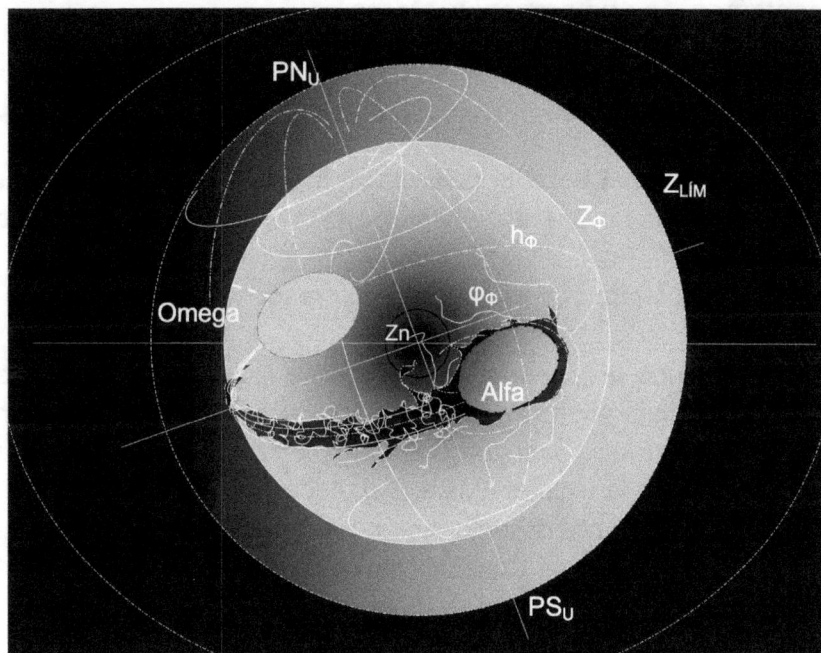

Figura I.

El Universo Absoluto, Unidad Existencial, es descripta energética y funcionalmente por el *Modelo Cosmológico Consolidado Científico-Teológico*, mientras que el Modelo Cosmológico Standard de la NASA solo describe nuestro universo, la hiper constelación Alfa en esta ilustración, que es componente del sistema binario Alfa y Omega de la Unidad Existencial.

Las dos hiper galaxias Alfa y Omega son dos "continentes" inmersos en el "océano" o manto de *fluído primordial* (o

"líquido amniótico primordial" cuando nos referimos a esta estructura como Forma de Vida Primordial.

El Origen Absoluto de Todo Lo Que Es, Todo Lo Que Existe, de Dios, de la Fuente de todo lo que observamos y experimentamos, es una presencia eterna.
[Referencia (A).1, Apéndice].

"Nada puede ser creado de la nada".

Jamás hubo un Creador de Dios, de la Fuente.

Jamás hubo un Creador Absoluto de Todo Lo Que Es, Todo Lo Que Existe.

Lo que es eterno eterno no ha sido creado; no puede ser creado.

Jamás hubo un Creador de la Especie Humana Primordial, a menos que llamemos Creador al proceso que permite que a un ambiente energético adecuado podamos ser transferidos desde otro entorno de la Unidad Existencial, cosa que primero ocurre inconsciente, involuntariamente, como parte del proceso de recreación de sí misma de la Consciencia Primordial, y luego por nuestra voluntad.

La Forma de Vida Primordial es el cuerpo de DIOS.

DIOS es la consciencia de sí misma de la FUENTE, de la Unidad Existencial.

Dios es el nivel de consciencia de la FUENTE a nivel de nuestro universo; o en otras palabras, Dios es la Consciencia Universal, la consciencia de sí mismo de nuestro universo, un sub-espectro de la consciencia de DIOS, mientras que la especie humana colectivamente es un sub-espectro de la Consciencia Universal.

Unidad Binaria Absoluta

Dios-Ser Humano

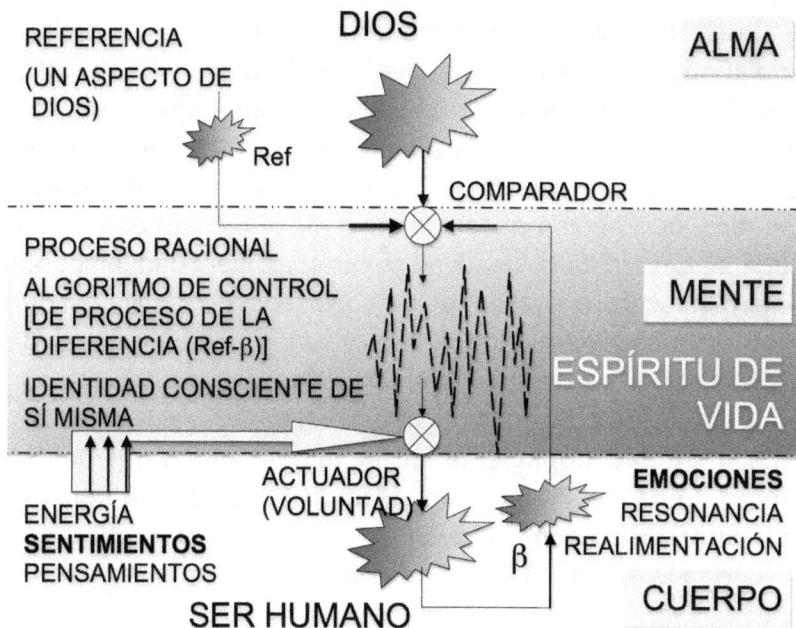

Figura II.

El ser humano es una unidad de proceso consciente de sí mismo, parte inseparable de la FUNCIÓN EXISTENCIAL Consciente de Sí Misma, DIOS, a cuya estructura energética que la sustenta podemos introducirnos si lo deseamos[Ref. (A).1].

Dios y la especie humana conformamos una entidad binaria inseparable[(a)]. No hay Dios sin especie humana; no hay especie humana sin Dios. "Somos UNO".

La Consciencia Universal se sustenta por la interacción entre Dios y la especie humana, aunque los individuos de la especie humana no sean inicialmente conscientes de ello.

El ser humano, el individuo de la especie humana, es un proceso racional, un proceso de establecimiento de relaciones causa y efecto que define la identidad cultural temporal del individuo y por la que alcanza un sub-espectro de la Consciencia Universal, Dios, una dimensión en nuestro universo de la Consciencia Primordial que se establece y sustenta en la Unidad Existencial. El nivel elemental de reconocimiento de sí misma con el que la especie humana es dada a la manifestación temporal (en nuestro caso es en la Tierra) es la *consciencia primordial a la que ya hemos reconocido como el estado de sentirse bien*, el estado sobre el que se desarrolla la identidad cultural. La identidad temporal es primero inducida, o forzada, por la consciencia colectiva del grupo social de la especie al que pertenece el individuo al momento de salir a la luz, a la vida en este entorno del universo; y luego continúa el desarrollo por sí mismo, por su voluntad.

La identidad consciente de sí misma es simplemente el arreglo de causa y efecto en relación al *estado de consciencia primordial de sentirse bien*.

Todo lo que hace la identidad consciente de sí misma es para sentirse bien.

El reto para el ser humano en el Juego de la Vida es vivir en armonía con el proceso del que provenimos, y así terminar con las experiencias de sufrimientos e infelicidades, aunque no necesariamente cesarán las circunstancias de vida que siempre pondrán a prueba nuestro reconocimiento y poder de creación para mantenernos bien en cualquier y toda circunstancia de vida.

(a)
Una entidad binaria es definida por dos componentes. Por ejemplo, un átomo, definido por un núcleo y electrones.

Ser Humano

Control del estado de sentirse bien

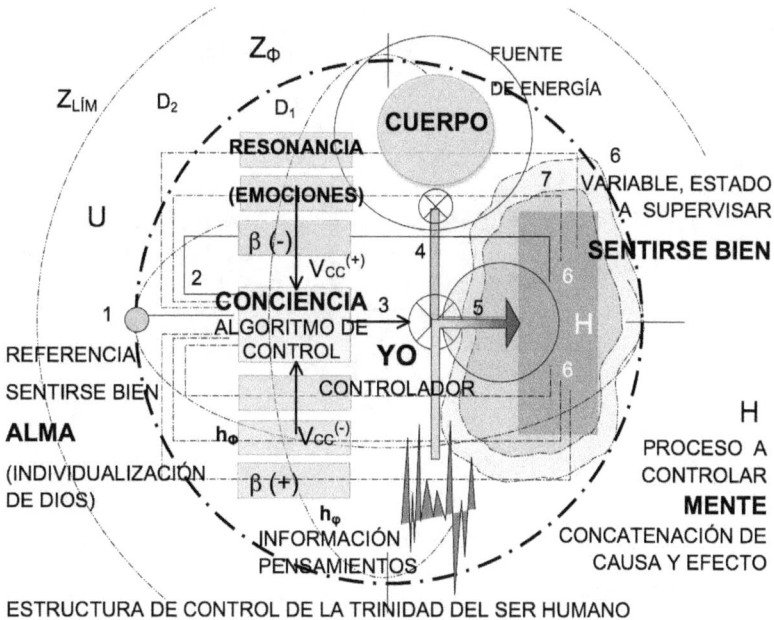

ESTRUCTURA DE CONTROL DE LA TRINIDAD DEL SER HUMANO

Figura III.

La estructura de identidad cultural, el arreglo de relaciones causa y efecto del ser humano, es el algoritmo de control del estado de sentirse bien del proceso SER HUMANO que se establece y sustenta en la trinidad energética *alma-mente-cuerpo*.

Las emociones son resonancias que se realimentan para compararse con la referencia, el estado de sentirse bien. Ver la sección Ser Humano.

Arreglo de Control Universal

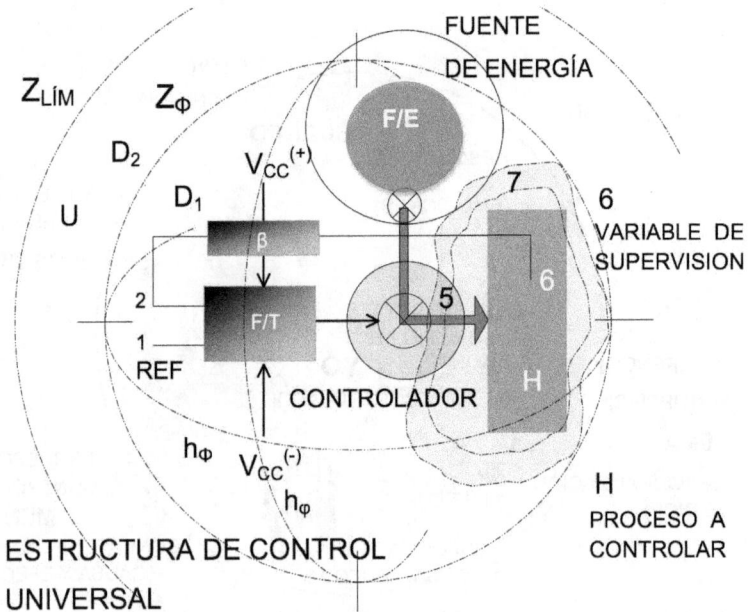

Figura IV.
El arreglo de un sistema de control es inherente a todo lo que es,
todo lo que existe. Toda manifestación existencial, asociación de
sustancia primordial, tiene una estructura de control para mantener su identidad frente al resto del universo dentro de ciertas condiciones dadas por el manto energético. Ver sección Ser Humano.

Una roca, una asociación de átomos de silicio, tiene un arreglo
de control inherente y un algoritmo de control que se encuentra
en su membrana de interacción, en la superficie de la misma.

V

Ser humano

Vamos a destacar al ser humano como una unidad de proceso de intercambios de energía e interacciones entre constelaciones de información y experiencias de vida (que son también constelaciones de información existencial).

Incluso para quienes sólo desean disfrutar la vida y no introducirse en los aspectos energéticos del ser humano como una unidad de proceso, es necesario reconocerse como tal pues la función de control es una función primordial ejercida sin cesar, en todo y cada instante en la vida, consciente e inconscientemente.

El arreglo y función de control son inherentes a la estructura trinitaria *alma-mente-cuerpo* que establece y sustenta el proceso SER HUMANO como sub-espectro del proceso ORIGEN.

Más aún.

Toda unidad existencial, material o de vida, tiene un arreglo de control que es inherente a su estructura energética, a la asociación de sustancia primordial que la establece y define en todos sus niveles de asociación (partículas primordiales, átomos, moléculas y cristales; y moléculas y células de vida). Referencia (A).1, Apéndice.

El proceso ORIGEN es conformado por todas las redistribuciones e intercambios energéticos que tienen lugar dentro de la Unidad Existencial que contiene al universo, y por todas las interacciones entre constelaciones o estructuras de información y la comparación de experiencias de vida en diferentes dimensiones energéticas y de tiempo, que se redistribuyen a diferentes rapideces o constantes de tiempo.

NOTA.

Nuestro universo es un entorno temporal de la Unidad Existencial que se alcanza desde la Tierra[Ref.(A).1].

El ser humano trata de controlar, inconsciente y conscientemente, lo que sea que deba controlar para sentirse bien, para estar en su estado natural. De modo que saber qué debe controlar en sí mismo, por qué, y cómo, es inseparable de su propósito de regresar y, o mantener el estado natural de sentirse bien.

Es verdad que no necesita saber los detalles técnicos ni energéticos de la configuración de control del estado de sentirse bien de su identidad, pero sí debe estar familiarizado con ciertos aspectos de él.

Es como controlar o manejar un automóvil.

No necesitamos saber todos los aspectos de ingeniería del automóvil sino los que necesitamos para que nos conduzca seguros y a salvo adonde deseamos.

Pues de la misma manera, nuestra identidad consciente de sí misma es la que va a llevarnos a tener la experiencia que deseamos, y a realizar nuestra mejor versión de sí mismo a la que alcancemos... si sabemos cómo conducirnos o controlarnos.

Tenemos el combustible, es decir, la energía para el cuerpo y las experiencias de vida para la mente; y tenemos las orientaciones para "manejarnos" o conducirnos en la vida.

Contamos con un "mapa" en las experiencias en memoria, y contamos siempre con las orientaciones desde la estructura primordial, a las que desafortunadamente no tenemos en cuenta a pesar de que entran siempre en la estructura de control. No las tenemos en cuenta, a pesar de ser eso, *orientaciones primordiales para nuestros desarrollos de consciencia y para las creaciones de las experiencias de vida*, debido a los efectos limitantes, inhibidores o distorsionantes sobre nuestros arreglos de identidad generados por la inducción recibida desde la consciencia colectiva, por sus orientaciones en desarmonía con las primordiales que introducen un efecto "filtro" en nuestro arreglo de reconocimiento de las señales que vienen del dominio primordial, del dominio existencial que no se alcanza por los sentidos materiales sino por la mente.

¿Cuánto necesitamos entrar en nuestra propia estructura de control?

Tanto como sea necesario conforme a nuestra experiencia de vida.

Los resultados que obtenemos nos indican qué tanto debemos continuar creciendo en el entendimiento de nosotros mismos. Precisamente, las experiencias de sufrimiento e infelicidades por las que pasamos es por el simple desconocimiento de nosotros mismos. No hay otra razón. Para todo lo que nos hace sufrir o experimentar la infelicidad tenemos alguna indicación primordial a la que no le prestamos atención por falta de consciencia, por ignorancia.

Nosotros, todos y cada uno, somos los interesados en tener las experiencias de vida que deseamos y hacer realidad nuestra mejor versión de sí mismo, ¿o no? No le vamos a preguntar a otro cómo nos sentimos frente a nuestra experiencia de vida. Nosotros somos quienes decidimos cuánto vamos a conocernos a nosotros mismos para mejorar nuestro funcionamiento como seres creadores de la experiencia de vida que deseamos. Aquí solo mostramos, aunque brevemente, que lo que nos hace falta está disponible y al alcance de todos.

¿Por dónde empezar?

Muy simplemente. Comenzando a vivir por las *actitudes primordiales*, a las que veremos más adelante en este libro.

Vamos a ver rápidamente los componentes de la estructura de control del estado de sentirse bien del ser humano, y para ello vamos a usar la analogía del control de temperatura de un cuarto, de una habitación. Una exploración más detallada se ofrece en la referencia (B).(I).2.

Control de temperatura de un cuarto.

Control del estado de sentirse bien del ser humano.

Todos estamos familiarizados con el control de temperatura de un cuarto, o de un horno.

En las Figuras III y IV tenemos respectivamente los diagramas en bloques de los arreglos de Control de Identidad del Ser Humano, y de Control Universal, en este caso, de la temperatura de un cuarto.

Veamos la Figura IV.

Queremos una temperatura dada en el cuarto [7, H] (o en el horno) y entonces aplicamos frío o calor desde una fuente externa [F/E] . Tenemos un detector [6] de temperatura en el cuarto (o en el horno) y llevamos la indicación de esa temperatura [2] a un comparador que la compara con la de referencia [1, REF] (con la temperatura que deseamos, digamos que sea de 20 grados centígrados en el cuarto, o 170 grados en el horno), y la diferencia se procesa en el procesador [F/T] (Función de Transferencia, o algoritmo de control) para abrir o cerrar una válvula [5] que controla el frío o calor [F/E] aplicado al cuarto [7, H] (o al horno). Cuando la temperatura [6] en el cuarto [H] o en el horno es la que deseamos, cuando es igual a la referencia [1, REF], el procesador [F/T] recibe desde el comparador [2-1] una señal diferencia igual a cero y no hace nada, no hace ningún cambio (mantiene la válvula [5] de control donde está en el momento de alcanzar la temperatura deseada, o abriendo o cerrando, según cual sea el algoritmo [F/T] de control y cómo se obtenga el frío o calor [F/E] para mantener la temperatura deseada).

En el cuarto (o en el horno) se controla el estado energético indicado por un aspecto del ambiente a controlar: la temperatura, (que es una relación de asociación y de vibración o pulsación de los componentes, de las moléculas de la atmósfera del cuarto, o del horno). Ver revisión de temperatura en referencia (A).1, Apéndice. Esta relación indica el estado energético del ambiente.

Para controlar el estado energético del ambiente del cuarto (o del horno) variamos esa relación indicada por la temperatura, introduciendo un cambio de energía; en realidad, es introduciendo algo que tiene otra relación diferente y que al interactuar con la del cuarto u horno la cambia al valor deseado. Para cambiar la relación (la temperatura), la introducción de lo que sea, de aire caliente o frío en el cuarto, o de más o menos electricidad en el horno, se controla por una válvula [5] de control de energía, y de acuerdo con el procesador [F/T].

El procesador tiene la inteligencia de control, el algoritmo de control. El procesador está diseñado para actuar frente a los cambios de temperatura con respecto a la referencia deseada.

Ahora bien.

Vamos a la Figura III.

El control de identidad del ser humano es básicamente regido por el mismo arreglo, salvando la complejidad de los componentes en juego, y podemos establecer una analogía simple válida y que nos permita introducirnos en él.

Lo que controla el ser humano es su estado de sentirse bien en [H], en el arreglo de identidad, en el "cuarto" donde están las relaciones causa y efecto que definen la identidad temporal del ser humano.

El controlador [F/T] es la **conciencia** (no es consciencia); es el arreglo de principios y reglas culturales que conforma el algoritmo de control; es el arreglo cultural que se hace parte de la estructura de identidad temporal consciente de sí mismo.

El controlador contiene al comparador que compara el estado

51

de referencia (que es el estado primordial de sentirse bien que está en el **alma**, uno de los componentes de la trinidad humana) frente al estado emocional instantáneo que tiene el arreglo de identidad en todo momento.

Si el estado emocional es "negativo", si uno se siente mal, ese estado que se reconoce frente a la referencia, *frente al estado de sentirse bien primordial*, se procesa por la identidad consciente de sí mismo en [F/T] para generar un cambio en el estado emocional, en la salida [H], en el resultado del procesador **conciencia**.

Las emociones son estructuras de realimentación del estado de la identidad cultural [H] en todo instante, que se compara con el estado de sentirse bien primordial en el **alma.**

La fuente de energía en el ser humano, aparte de la que entra como su alimentación material por su boca, incluye parte de la radiación del manto en el que se halla inmerso, la luz solar y su pulsación (aunque no la reciba directamente), y pensamientos desde la Consciencia Universal.

El **cuerpo** del ser humano es la dimensión energética visible de la estructura trinitaria que sustenta el proceso SER HUMANO.

El cuerpo es el "cuarto", la habitación o entorno energético que contiene todos los aspectos que definen la identidad primordial del individuo y sobre la que se construye la identidad temporal cultural.

La **mente** del ser humano es la intermodulación, es el "entretejido" de las vibraciones, pulsaciones que tienen lugar en toda su estructura biológica y que modula, afecta al manto energético en el que nos hallamos inmersos.

La piel es la antena del receptor-transmisor SER HUMANO.

Esta simple analogía es suficiente para los propósitos de esta guía. Fundamentalmente deseamos tener alguna visualización en nuestra propia estructura trinitaria de la interacción entre los sentimientos y las emociones que tienen lugar en ella, que son parte del arreglo inherente de control del estado de sentirse bien. Del reconocimiento y la exploración, una vez conscientes de sus interacciones, vamos a crear nuestra "carta para navegar el proceso existencial". Si deseamos entrar en más detalles del arreglo de control de identidad del proceso SER HUMANO, reiteramos que pronto tendremos disponible la referencia (B).(I).2 ya citada.

Aspectos energéticos esenciales del proceso SER HUMANO que nos permiten visualizar nuestra conexión energética con Dios.

El aspecto más importante inmediato que conviene reconocer de esta conexión energética es que las mentes de Dios y la del ser humano están interconectadas.

La especie humana tiene asignado un sub-espectro del proceso racional universal consciente de sí mismo, y cada ser humano tiene a su vez un sub-sub-espectro de ese sub-espectro colectivo.

Por otra parte, nuestros sentimientos no son nuestros sino que son estimulaciones de Dios, del proceso ORIGEN, a las que reconocemos y a las que decidimos seguir o no con nuestra identidad temporal consciente de sí misma.

La interacción entre los sentimientos y las emociones son un aspecto crucial en la armonía entre los procesos racionales de Dios y el ser humano[Ref.(B).(I).2].

El ser humano es el proceso establecido y sustentado por la trinidad energética *alma, mente y cuerpo*; es un sub-espectro de la estructura TRINIDAD PRIMORDIAL que sustenta la FUNCIÓN EXISTENCIAL consciente de sí misma del proceso existencial (al que se reconoce como Dios, o nuestro proceso ORIGEN).

La FUNCIÓN EXISTENCIAL es parte del proceso existencial; es el sub-espectro consciente de sí mismo del proceso existencial[Ref.(A).1].

Estamos inmersos y somos partes inseparables del proceso existencial con el que interactuamos permanente e incesantemente, inconscientemente primero, luego conscientemente.

El ser humano es un proceso consciente de sí mismo que reconoce el ambiente en el que se encuentra presente, y se reconoce a sí mismo como una entidad independiente del medio en el que se halla presente. Independiente significa con voluntad propia por la que puede desplazarse dentro del medio en el que se halla, por su decisión.

El proceso SER HUMANO, un sub-espectro del proceso ORIGEN, es un intercambio de energía, de arreglos de información existencial, y de interacciones con otros procesos, con otros seres humanos y con las manifestaciones de vida universal. Tiene inteligencia o capacidad de interactuar con el resto del universo, y capacidad racional, capacidad de reconocer estructuras de información y establecer relaciones causa y efecto entre ellas.

Estas capacidades son inherentes al ser humano.

El ser humano no crea inteligencia ni capacidad racional sino que desarrolla la inteligencia y capacidad racional con la que viene, con la que es dado a la vida, a través de la interacción con el resto de la existencia y con otros seres humanos.

El ser humano no crea consciencia sino que desarrolla la que trae a nivel primordial.

El nivel primordial de consciencia es el estado de sentirse bien. A partir de esta consciencia es que desarrolla su identidad temporal cultural inducida por la sociedad a la que pertenece; y luego, por su voluntad, la mantiene o evoluciona a partir de ella.

Enfatizamos.

El ser humano no desarrolla consciencia sino que accede a la estructura de Consciencia Universal; y el acceso depende del desarrollo de su identidad temporal por la que sustenta las interacciones por las que puede expandirse a otros sub-espectros de la Consciencia Universal.

VI

Trinidad Energética

Alma-Mente-Cuerpo

Una visualización energética simple del alma

En nuestra dimensión energética en la que estamos manifestados no podemos visualizar fácilmente nuestra estructura trinitaria, el arreglo energético en tres dimensiones que conforman el *alma*, la *mente* y el *cuerpo*. La razón es que un componente, un arreglo, el alma, está en el sub-espectro no visible, conformado por partículas primordiales por debajo del nivel de detección de los sentidos y la instrumentación; y otro componente, la *mente,* es simplemente la vibración o pulsación, compleja por cierto, que tiene lugar en nuestro cuerpo como resultado de las interacciones entre los arreglos de información en el dominio material con partículas materiales (en nuestro cuerpo) y los arreglos con partículas en el otro dominio (el alma) no visible ni detectable por instrumentos.

Análogamente, a otra escala energética, es lo que ocurre entre nuestro universo material, de energía, y la energía que proviene del otro dominio (a la que se le ha llamado "energía oscura"). Las interacciones entre ambos es la red espacio-tiempo, que es parte de la mente del proceso existencial, Dios[Ref.(A).1].

Una manera de visualizarlo simplemente en nuestro arreglo como proceso SER HUMANO es la siguiente.

Nuestro cuerpo está inmerso en la mente y en el alma, y en el manto energético solar, en tres niveles de intermodulación, de arreglo de pulsación del manto universal.

Nuestro cuerpo está rodeado de una atmósfera muy delgada, de una "capa" primordial. Esa "atmósfera", el alma (el nivel primordial del manto), es lo que los religiosos llaman aura y que en determinados casos reportados en el mundo, particularmente en el pasado, brilla, se ilumina, se hace visible. Esta capa queda, por ahora, "separada" del cuerpo por nuestra piel, aunque en realidad se extiende por dentro del cuerpo.

El arreglo de esta "atmósfera" interactúa con el resto del cuerpo y esa interacción modifica el manto energético entre ambos. Esa modificación es la mente, y esta modificación se transfiere a todo el universo por la vibración o pulsación de sus componentes que no vemos y solo percibimos por la suma, la integración sobre todo el cuerpo, sobre toda la piel que envuelve el cuerpo y lo contiene.

En un átomo consideremos que él es la unidad de proceso, la célula energética, el arreglo de partículas en tres dimensiones de asociaciones a saber, ver Figura V,

- el núcleo y los electrones;
- las partículas primordiales cuyas asociaciones son el núcleo y los electrones;
- y el espacio entre ambos.

Luego, en el átomo,

- el *cuerpo* es formado por el núcleo y los electrones;
- su *alma* son las partículas primordiales que forman el núcleo y los electrones;
- la *mente* son las vibraciones de las partículas primordiales del manto energético en el espacio entre ambos.

Como podemos ver, todo es un arreglo en diferentes dimensiones de asociación de partículas primordiales a las que no vemos y cuya presencia permite todo lo que es, todo lo que existe, todo lo que experimentamos. Nos confunde el hecho de que todo esté inmerso en un manto ¡que también presenta esta trinidad energética alrededor de la estructura inmersa en él!

Trinidad Energética

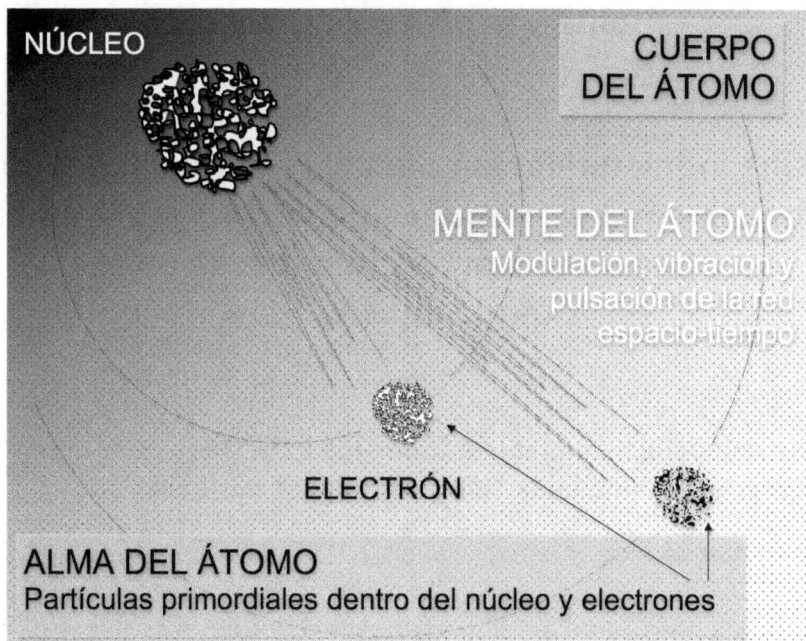

Figura V.
Átomo, célula energética trinitaria, en tres dimensiones de asociaciones de partículas primordiales.

A medida que los átomos se van asociando formando moléculas y cristales (en el caso de la materia) y células de vida, todo va quedando inmerso en un manto de partículas primordiales intersticiales que no vemos, pero son parte de lo que ahora reconocemos como simplemente *fluído energético* en las estructuras materiales, y como *alma* en los arreglos de vida. Como vemos, es una cuestión de definición conforme reconocemos los arreglos en uno u otro sub-espectro de la función existencial.

VII

Frente a la diversidad humana

Una inquietud (estimulación) y una orientación fundamentales, comunes para todos, para crear y hacer realidad las infinitas diversas experiencias de vida

"No es posible satisfacer a todos los individuos de la especie humana presente en la Tierra en nada en particular".

Es lo que se dice, y la experiencia por la que se sustenta esta a-firmación es la que tenemos a la mano en este mundo, en nuestra civilización humana, en el modelo de asociación prevalente de la especie humana en la Tierra.

¿Es esto por algún defecto de la creación? ¿Es por defecto del proceso de evolución?, se preguntan quienes creen respectiva-mente en uno u otro origen del ser humano.

Hay una razón extraordinaria para que esto sea así.

El mundo es como es pues la Tierra es una estación remota de concepción de vida universal sobre la que ha ocurrido una "demo-dulación" de la información de vida que llega desde la Forma de Vida Primordial, a través del manto energético universal, a través de la red espacio-tiempo del universo[Refs.(A).1 y (B).(I).3].

Los seres humanos somos unidades de proceso SER HUMA-NO establecidos y sustentados sobre una estructura trinitaria *alma-mente-cuerpo* que es absolutamente análoga a la TRINIDAD

PRIMORDIAL, y que como sub-espectros del proceso ORIGEN somos unidades de interacciones de la estructura de Consciencia Universal. Somos unidades de diferentes generaciones de recreación del proceso existencial, y por lo tanto, tenemos diferentes niveles de consciencia; y por ello es que presentamos diferentes comportamientos frente a las mismas circunstancias de vida, además de ser, cada uno, un juego diferente de aspectos de Dios o del proceso existencial, un juego de emociones, lo que nos hace a cada uno una individualización única, particular del proceso existencial del que provenimos, el que sea y como queramos llamarle, por lo que tenemos una identidad única frente al resto de los demás individuos, y frente al universo.

El pertenecer a diferentes generaciones de recreación impone naturalmente, por consciencia, por entendimiento, que las generaciones de mayor desarrollo orienten a las de menor desarrollo. No obstante, en la Tierra no observamos esta responsabilidad inherente a la consciencia del proceso existencial, lo que indica que a pesar de nuestro gran desarrollo racional éste no necesariamente implica que tengamos más consciencia del proceso existencial sino más consciencia en el área de interés, en el área de desarrollo intelectual.

Una vez que conocemos la estructura de interacciones por la que se sustenta la consciencia de sí mismo del proceso de interacciones, esta razón se hace evidente a sí misma. En ciencia se resuelve este aspecto entre estructuras temporales como parte de un arreglo eterno [sección Descripción Matemática de la Eternidad en el libro de la referencia (A).1, Apéndice].

Por eso nos lo dice Dios mismo, en todos los tiempos y en todas las culturas,

« Búscame con el corazón, no con la razón ».

Esta desviación desde la responsabilidad natural es el resultado de no desarrollarnos por la orientación primordial, la orientación del *amor* (de *amor primordial*[a] que veremos pronto), sino por una versión cultural limitada, condicionada.

Esta diversidad entre los seres humanos es lo que nos permite ejercer y experimentar el poder de creación inherente al ser humano, poder "heredado inescapable, inevitablemente" del proceso ORIGEN, Dios, del que el proceso SER HUMANO es una re-creación a *imagen y semejanza*.

Pero, al margen de esta razón primordial, sí hay algo que es común, absolutamente común a la especie humana, a todos sus individuos por igual, no importa su estado de desarrollo racional o intelectual, ni nada cultural tal como su creencia religiosa, estado social o económico: es *la inquietud por sentirse bien*, o como es más común decir, por *ser felices*.

Sentirse bien, ser feliz, es la <u>inquietud natural</u> del ser humano; y es la <u>motivación</u>, absolutamente común a todos, por lo que hace todo lo que hace, en el medio en el que se encuentra, en las condiciones vivenciales en las que se halla.

No hay otra razón, e insistiremos a menudo en esto.

Todo lo que hace el ser humano es para sentirse bien.

Sentirse bien es el estado de consciencia primordial del ser humano.

Algunos quieren ser médicos; otros maestros; otros dedicarse a cuidar plantas; otros anhelan conquistar el amor de su vida; otros quieren dar la vuelta al mundo. Lo que sea que haga el ser humano es un medio para conseguir otra cosa, y por ésta posiblemente otra, hasta llegar al propósito final, absoluto, que es *sentirse bien*.

Decimos que queremos tener la experiencia de vida que deseamos, o para realizarnos conforme a nuestro potencial que reconocemos o en el que creemos; como sea que lo expresemos, todo lo que hacemos es para alcanzar el propósito final de sentirnos bien.

Pero, a pesar de que sentirnos bien y, o realizados sean nuestros propósitos finales, no siempre logramos lo que deseamos y por lo que tanto nos esforzamos. Además, y casi invariablemente, cuando lo logramos no es permanente, sino que depende de conservar algo material por lo que nos sentimos bien, o de tener una relación con alguien muy en particular por la que nos sentimos bien.

Entonces, cabe preguntarse lo que sigue.

Si *sentirse bien* **es el** <u>propósito fundamental</u> **del ser humano, y por lo tanto es la** <u>inquietud fundamental</u> **que excita al proceso racional consciente de sí mismo para buscar satisfacer ese propósito primordial,**

¿Por qué no tenemos también una orientación común, única para todos?, por una parte;

¿Por qué felicidad no puede ser un estado permanente?, por otra parte.

Hay una orientación única.

La hemos escuchado una y otra vez.

La hemos recibido en participaciones de numerosos individuos a través de quienes nos ha llegado esa orientación única por la que ahora preguntamos una vez más. Pero no la hemos reconocido realmente como tal, y por lo tanto, no la seguimos, no nos desarrollamos por esa orientación fundamental, primordial, común para todos. Probablemente al leerla no encontraremos nada nuevo, pues, una vez más, nos viene siendo repetidamente dicha; pero, a pesar de recibirla permanente e inevitablemente (pues vivimos inmersos en la estructura energética que la contiene e irradia o la transfiere por ondas, por vibración o pulsación) practicamos versiones culturales limitadas y hasta seriamente condicionadas y distorsionadas en algunos casos.

Esa orientación fundamental, ya la mencionamos, es *amor.*

En cambio, la especie humana presente en la Tierra nos desarrollamos principalmente por temor.

La versión cultural de temor inhibe el desarrollo de consciencia del proceso existencial. La falta de consciencia (ignorancia) y el temor se realimentan mutuamente en la estructura de identidad de la trinidad que establece y sustenta el proceso SER HUMANO, afectando, distorsionando las interacciones de desarrollo de consciencia del proceso existencial que tienen lugar en el arreglo de identidad de la trinidad. Luego veremos algo de esto en la sección Hacernos Libres.

En cuanto a la segunda pregunta,

Felicidad no es un estado permanente de la identidad sino un *estado de resonancia temporal*, de exuberancia energética que indica un resultado frente a una referencia. El *estado de sentirse bien* es el estado natural permanente.

NOTA.
PARA CIENCIA Y TEOLOGÍA.
Ver referencia (A).1, Apéndice.
Amor es, en la estructura de Consciencia Universal, un sub-espectro del *campo de fuerza primordial* de GRAVITACIÓN de la U-nidad Existencial (o del universo, para quienes creen que el universo es la entidad absoluta).

Amor y temor son las fuerzas primordiales de asociación y diso-ciación del manto de energía en el nivel primordial de la Unidad Existencial.

Hay una relación íntima entre *campo de fuerza primordial*, fuerza de asociación, y armonía entre los componentes y sus interaccio-nes que establecen y definen una unidad existencial, la que sea; y particularmente en la Unidad de Consciencia, en la que su campo de fuerzas es amor, y la resonancia del sistema de interacciones armónicas (las emociones) es la base de la conscientización de sí misma de esas interacciones. NO ES CONSCIENTE UNA ES-TRUCTURA ENERGÉTICA SINO SUS INTERACCIONES, y eso, gracias a las estructuras de memorias y sus comparaciones en di-ferentes rapideces de redistribuciones (en diferentes constantes de tiempo).

Si no nos hemos desarrollado por la orientación primordial ab-soluta, entonces tenemos nuestra versión, nuestra referencia dis-torsionada frente a la que nos "medimos" y evaluamos; y por lo tanto, careciendo de otra civilización fuera de la nuestra en la Tie-rra frente a la que podamos compararnos, ¿cómo vamos a reco-nocer que estamos equivocados?

Veamos la siguiente analogía energética simple.

Si el agua hierve a 100 grados centígrados a nivel del mar, y hierve a menor temperatura en la montaña (porque hay menos presión), no podemos usar el punto de ebullición del agua como la referencia de 100 grados centígrados de temperatura en el tope de la montaña, porque esa referencia cambia con la altura en la Tierra en la que hagamos hervir el pote de agua.

Si no supiéramos acerca de la dependencia de la temperatura de ebullición del agua con la presión, tendríamos una referencia de temperatura equivocada en el tope de la montaña cada vez que usáramos el punto de ebullición del agua como referencia de 100 grados centígrados.

Entonces, obviamente, si necesitamos tener precisamente la temperatura de 100 grados como una referencia energética disponible en el tope de la montaña, no podemos usar el agua hirviendo, sino algo que nos la pueda indicar sin ser afectada por la altura, por el cambio de presión. Es lo que hacemos al usar un termómetro previamente calibrado a nivel del mar, y cuya detección e indicación de temperatura no dependen de la altura.

Aplicando la analogía previa,

si nos hemos desarrollado por alguna versión equivocada de la orientación primordial que rige nuestra evolución natural en armonía con el proceso ORIGEN, con Dios, y no tenemos otra referencia excepto la primordial a la que no seguimos porque no nos hemos dado cuenta de nuestra distorsión,

¿Cómo salimos del error?

En otras palabras, si nos equivocamos de Dios, de versión de Dios,

¿Cómo accedemos a la referencia primordial por sí mismos si el mundo no la sigue porque tiene una versión limitada a la que toma como la orientación primordial?

¿Cómo reconocemos adecuadamente, sin distorsión, a la referencia primordial si estamos solos en la Tierra?

¿Cómo accedemos a la referencia primordial que está en Dios, para quienes creen en Dios, o en el proceso existencial, para los que reconocen a Dios como el proceso ORIGEN del que proviene el ser humano?

¿Como hacemos para que Dios o el proceso existencial nos responda?

La teología hace unos razonamientos extraordinarios, pero el mundo sigue como sigue con sus problemas globales que la ciencia tampoco resuelve.

Hay solución.

Así como hay una motivación única, común para todos, hay una solución para todos.

La solución es re-establecer la <u>relación natural con el proceso ORIGEN</u> del que provenimos y cuya información llevamos en nuestra estructura trinitaria que nos establece y define como proceso SER HUMANO.

Esa información resulta en el estado primordial de sentirse bien, en el estado de consciencia primordial, inicial, del ser humano.

No necesitamos saber o aprender absolutamente nada para reconocer lo que nos hace sentir bien, pues este estado es eso, es primordial, es decir, precede al proceso racional, al proceso que es, precisamente para mantener o restaurar el estado natural.

La <u>relación natural con el proceso ORIGEN</u> sin especular, no pensada, no racionalizada, es Amor; *amor primordial*.

Todos, absolutamente todos nos sentimos bien al ser amados, al ser aceptados Quiénes somos, quienes deseamos ser.

Amor es el componente de la Consciencia Universal que nos orienta correctamente a todos, que toca a todos, no depende de la cultura ni del desarrollo racional, aunque luego lo deformamos ... ¡por temor!, por la distorsión cultural que generamos racionalmente de la otra fuerza primordial.

Amor primordial es el sentimiento de Unidad que nos estimula a compartir con todos lo que es de todos, la Tierra, sus recursos naturales, y extender a todos las mismas oportunidades que deseamos para nosotros para realizarnos conforme Quiénes somos o deseamos ser.

Cuando vivimos por esta orientación fundamental, estamos en armonía con el proceso existencial, aunque todavía no seamos conscientes de ello.

Y estamos listos para establecer una interacción consciente con el proceso existencial, con Dios, cuando reconociendo que provenimos de una fuente eterna decidimos hacernos cargo por nosotros mismos de nuestro desarrollo de consciencia, de entendimiento de nuestra relación con la fuente.

No importa cuánto nos equivoquemos inicialmente, si buscamos siguiendo al *amor primordial* y con la determinación de hacernos cargo de nuestro desarrollo por nosotros mismos, o de la solución por nosotros mismos, la Fuente, Dios, se revelará a Sí mismo dentro nuestro.

Dios es la solución única en el sentido de que quién interactúa con Él obtiene, reconoce, hace suya la orientación primordial para resolver su situación; orientación de la que quizás haya escuchado numerosas veces previas pero no resultará efectiva sino hasta que comience a ejecutar el reconocimiento, hasta que comience a dejarse guiar por el reconocimiento de esa orientación primordial, y no esperando que la Fuente resuelva su problema sino que le oriente qué hacer, mientras que es de responsabilidad de cada uno cómo hacerlo realidad en nuestro mundo. Tenemos todas las herramientas para lograrlo. Aún quienes están en una condición biológica limitada tienen un camino especial junto a Dios, pero ese camino no lo encontrarán a través de otros sino por sí mismos junto a Dios; y ese camino, el que sea, nadie puede juzgarlo.

Todos tenemos acceso a Dios.

No hay intermediarios ni preferidos frente a Dios.

Nuestro proceso ORIGEN es nuestra solución para todos.

No obstante,

A partir de la solución única para todos, que es la guía de Dios y Sus orientaciones primordiales, el camino particular

para cada caso particular debe ser creado por cada uno individualmente.

Tenemos las orientaciones primordiales que son válidas para todos y por las que creamos nuestro camino individual; pero así como algo debemos hacer por nosotros mismos, también algo, sino mucho, debemos dejar de hacer, como veremos luego.

Ahora bien.

Conseguiremos la información, la orientación que necesitamos para resolver nuestro caso particular, interactuando con Dios; de acuerdo, pero continuamos detenidos por un aspecto fundamental planteado inicialmente,

¿Cómo establecemos la interacción consciente con Él, "con un Dios que no me responde"?

Llegaremos a Dios, y nos responderá.

Ya sabremos, en este libro, por qué no nos responde ahora. O mejor dicho, por qué no reconocemos Sus respuestas.

Una vez que hemos tomado la decisión de asumir el control de nuestro desarrollo de consciencia, o de creación de nuestra experiencia de vida, lo que tenemos que hacer para establecer una interacción consciente con Dios es aprender a reconocer cómo se comunica con nosotros, y qué nos impide reconocer Sus respuestas. Y veremos que al vivir por las *actitudes primordiales* ya estaremos en interacción con Dios, la que se irá desarrollando por esa vivencia.

(a)
Amor primordial es velar por el bienestar de todos y extender a todos las mismas oportunidades que deseamos para nosotros, y compartir con todos lo que es de todos: la Tierra, sus bienes y recursos naturales.

VIII

Tienes que hacerte libre

Necesitamos hacernos libres para ejercer plenamente el poder de creación de potencial ilimitado inherente al ser humano.

En realidad debemos regresar al estado de libertad primordial, atributo con el que hemos sido concebidos en la eternidad, para entonces ejercer el poder por el que crearemos la experiencia de vida que buscamos, o el propósito frente a la circunstancia temporal fuera de nuestro control. Frente a los parámetros de la vida, del proceso existencial, que no pueden ser cambiados o controlados, siempre podemos cambiar nuestra actitud mental, por lo que va a cambiar, a su vez, nuestra experiencia frente a esos parámetros; y siempre podemos crear un propósito a partir de, y a pesar de esos parámetros.

Es nuestra decisión, y solo nuestra decisión, el quedarnos a rechazar la situación o el hecho que no pueden ser cambiados, o crear una experiencia, un propósito de vida, a partir de ellos.

Todos deseamos sentirnos bien, y naturalmente la reacción inicial es hacer algo para eliminar lo que nos hace sentir mal. La reacción "por diseño", inherente al ser que es creador por naturaleza, no es rechazar lo que ocurre fuera de su control, sino crear la solución de su experiencia de sentirse mal.

Aparte del dolor, por temor es que fundamentalmente rechazamos las ocurrencias que nos hacen sentir mal; y este temor se ha generado en el modelo de asociación de la especie humana en la Tierra. Sin embargo, la "falla" en el modelo de desarrollo de la especie es parte natural del proceso de su conscientización, del entendimiento del proceso existencial y su relación con él, colectiva e individualmente.

No encontraremos las respuestas naturales en un mundo que no se desarrolla por la orientación de *amor primordial* sino por interpretaciones o versiones culturales desarrolladas por temor.

El temor estimula el desarrollo racional, pero no el desarrollo de consciencia del proceso existencial. Por eso es que no necesariamente hay asociada consciencia del proceso existencial con el desarrollo intelectual, aunque el desarrollo intelectual es real en el área de interés o en la versión desarrollada. No obstante, ese desarrollo no nos lleva a trascender, pasar o "saltar" a otra dimensión de consciencia, de realidad existencial, si no está en armonía con el proceso existencial; sólo perdura en la consciencia colectiva temporal de la especie.

Para encontrar las respuestas a nuestras inquietudes fundamentales, primordiales, íntimas, particulares, que todos y cada uno de los seres humanos buscamos, tenemos que hacernos libres del mundo, de la consciencia colectiva de la civilización, del modelo de asociación prevalente de la especie humana en la Tierra y sus diferentes múltiples sociedades; libres de sus interpretaciones racionales limitadas acerca de nuestro Origen y de nuestras aproximaciones a él establecidas por las prácticas culturales; libres de las referencias temporales; libres de los prejuicios y las actitudes mentales culturales, puramente relativas, que nos inhiben ya sea para alcanzar las respuestas que buscamos, o para tener la experiencia de vida que deseamos, o para realizar la mejor versión de nosotros mismos que alcanzamos a visualizar, imaginar.

Ser libres del mundo no significa enfrentar al mundo, ni aislarse de él, ni renunciar a él, ya que jamás llegaremos a reconocernos adecuadamente ni disfrutar ni experimentar lo mejor de ese reconocimiento de uno mismo sino frente al mundo, y tal como es. Podemos no entender, pero rechazar lo que no entendemos simplemente porque no nos gusta, o nos hace sufrir, no va a conducirnos a entender. Ya se dijo antes, y se insistirá a menudo pues una de las cosas que se nos ha enseñado es que creer es suficiente para tener la experiencia de vida que deseamos, y no lo es: si deseamos una experiencia dada, tenemos que hacerla realidad por nosotros mismos (aunque siempre somos ayudados y no lo percibimos así); y si deseamos entender, tenemos que ponernos a hacer nuestro trabajo para entender. El proceso existencial nos va a llevar a entender, es la verdad, es inevitable, pero nosotros somos los que estamos interesados en hacerlo tan pronto como está a nuestro alcance... ¡para terminar con nuestras experiencias de sufrimientos e infelicidades!

Debemos hacernos libres para reconocernos o definirnos por uno mismo, por lo que sentimos íntima, profundamente; y por lo que deseamos íntima, profundamente, <u>no por lo que se nos dice que es lo mejor para nosotros</u>. Nadie puede saber qué es lo mejor para cada uno, excepto uno mismo; y para experimentarlo necesitamos hacernos de coraje para lanzarnos a lograrlo por uno mismo. Nadie lo hará por nosotros. Igual para entender; si deseamos entender, entonces tendremos que ponernos por nosotros mismos a entender, haciéndonos libres de los prejuicios y actitudes mentales que interfieren con el proceso racional en armonía con el proceso del que provenimos. ¿Podemos entender? Si tenemos interés, podemos. Tener interés es la indicación natural de estar listo para asumir por sí mismo el proceso racional para entender.

Y cuando decidamos hacerlo, tendremos las orientaciones primordiales: reconoceremos las que nos han sido dadas, a las que también podemos acceder en la Conciencia Universal a través de nuestra estructura trinitaria *alma-mente-cuerpo,* y que por otra parte nos son recordadas muy a menudo (a las que luego veremos).

Hasta que no tomemos esta decisión, de hacernos libres primordialmente, y la llevemos a cabo, la ejecutemos, no resolveremos, de una vez y permanentemente, nuestras inquietudes fundamentales en relación a nuestra realización plena como seres humanos, libres de las experiencias de infelicidades y sufrimientos que nos vienen plagando colectiva e individualmente a la especie desde nuestra aparición en el planeta.

¿Acaso podemos ser natural, primordialmente libres en este mundo, sin necesidad de tener que ir al "otro" mundo como dicen los teólogos y los religiosos?

Antes tenemos que redefinir, o re-interpretar qué es ser libres primordialmente.

Entonces,

¿Qué es ser primordialmente libre?

Y si somos concebidos primordialmente libres,

¿De qué, y cómo, tenemos que hacernos libres ahora?

Ser primordialmente libres es ser libres del temor.

No necesitamos dejar este mundo para ser primordialmente libres, mejor dicho, para regresar a nuestro estado de libertad natural.

Hay un temor primordial que es el estimulante natural, valga la redundancia, que se necesita para el desarrollo de la capacidad racional.

El temor primordial es una advertencia (que percibimos como

rechazo) que se recibe frente al recuerdo de algo que nos ha hecho sentir mal; pero esa advertencia es para estimularnos a explorar la razón por la que tenemos esa experiencia, para buscar preveer la ocurrencia y, o para desarrollar una solución, y no necesariamente es para suprimir lo que nos hace sentir mal sino para redisponer nuestra actitud mental frente a lo que nos ha hecho y nos hace sentir mal.

Y hay una distorsión cultural del temor primordial que nos lleva a la dependencia exagerada de los parámetros temporales que desarrollamos frente a la distorsión del temor. Por ejemplo, la especie humana tiene una experiencia de hambruna, y entonces se pone en el futuro a acaparar lo innecesario por su ignorancia frente a otros medios aún no disponibles para hacer frente a lo que genera la falta de alimentos. La reacción de acaparamiento es debida al recuerdo de la experiencia de hambre, ya sea individual o colectiva, y este efecto de la experiencia se transfiere generacionalmente. Luego resuelve las causas de la hambruna, pero la distorsión introducida por el temor inicial se ha llevado a otros aspectos de la experiencia de vida, y quedan en la consciencia colectiva de la especie o del grupo social de la especie. Por eso vemos en este ejemplo sencillo que para evitar la hambruna se han desarrollado medios, técnicas, que muestran a su vez el desarrollo de la capacidad racional de algunas sociedades, pero eso no ha suprimido la distorsión que el temor introdujo en todos los demás aspectos de vida y por lo que hoy se practica una versión limitada del amor primordial que es compartir los bienes de todos y extender a todos las mismas oportunidades que deseamos para uno mismo, un amor del que estamos lejos, muy lejos de practicar.

Un gran desarrollo racional no necesariamente genera mayor consciencia (entendimiento) del proceso existencial.

El temor cultural limita, distorsiona y hasta inhibe nuestro desarrollo de consciencia, de entendimiento del proceso existencial y nuestra relación con él (de la relación, más extensamente vista, entre el ser humano, nuestro mundo y el universo, con la fuente de Todo Lo Que Existe, De Todo Lo Que Es; con el proceso ORIGEN al que llamamos Dios).

El temor nos mantiene en ignorancia, en la falta de consciencia, y promueve nuestra dependencia de nuestra realidad aparente en la que estamos presentes en este mundo, a tal punto que negamos tener temor porque no sabemos que la dependencia se nutre del temor.

Tememos a la muerte porque no sabemos que no hay tal cosa como lo que ahora imaginamos de la muerte y, o lo que ocurre después de ella. Y entonces nos aferramos a la realidad aparente que desarrollamos en esta manifestación de vida, como si todo terminara aquí cuando en realidad aquí determinamos lo que sigue. Confundimos a la vida, a nuestra experiencia del proceso existencial, con la realidad aparente que "construímos", que desarrollamos por nuestra actitud mental, la heredada (inducida) y la que cultivamos por nuestra voluntad.

El temor y la ignorancia, la falta de consciencia, se realimentan entre sí en el proceso racional consciente de sí mismo establecido y sustentado por la estructura energética trinitaria *alma-mente-cuerpo*; en el proceso que nos define como SER HUMANO frente al proceso ORIGEN.

Posiblemente no entendamos mucho en este instante, pero para ponernos en el camino de entender es que tenemos como una estimulación y guía a este libro, al que de alguna manera hemos dado, llegado a él.

Mientras temamos, no podremos dejar la ignorancia que nos hace esclavos de la realidad aparente, del mundo material y temporal en el que estamos manifestados, <u>al que no debemos renunciar nunca sino que tenemos que saber cómo desarrollarnos en él, gracias a él, y a pesar de él</u>. En realidad, la expresión correcta es que debemos saber cómo experimentarnos en él, pues hay un propósito absoluto para estar aquí, y una infinidad de otros propósitos que son de nuestra sola creación.

El temor es la experiencia que resulta de una <u>distorsión dentro de nuestro arreglo de identidad</u>; es una distorsión a la que no hemos aprendido a reconocer, menos describir adecuadamente. La distorsión es una asociación equivocada en la estructura de identidad del ser humano; específicamente, es una relación causa y efecto equivocada dentro de la constelación, del complejo arreglo de causas y efectos que define la estructura de identidad del ser humano.

Veamos algo sobre temor y el arreglo de identidad.

El ser humano es una unidad del proceso existencial consciente de sí mismo.

El ser humano es un proceso de establecimiento de relaciones causa y efecto que tiene una particularidad, una identidad propia que se reconoce a sí misma.

El ser humano viene con una identidad primordial que es dada por la fuente o el proceso del que proviene, y sobre esa identidad genera, desarrolla su identidad cultural.

Así como amor es la experiencia de la "asociación" primordial con la Unidad Existencial que resulta de, o está implícita en nuestro reconocimiento como parte inseparable de ella ("asociación" que es, paradójicamente, la no asociación en particular con nada temporal), <u>temor es la experiencia de la disociación, de la separación de lo que nos hace sentir seguros</u>.

Hace falta un proceso de reflexión sobre la estructura de Consciencia Universal de la Unidad Existencial, Dios, para "penetrar" en lo siguiente, pero no hay otra manera sino hacerlo quién desea entrar en ella. Aquí se presenta una introducción a la experiencia de temor cultural como una estimulación para ir hacia esa reflexión íntima; reflexión que es realmente una interacción con la Consciencia Universal, con Dios.

Veamos.

Si la identidad cultural no está en armonía con la primordial, y ella se define a sí misma y se desarrolla dependiendo fundamentalmente de su relación con el mundo, con el grupo social al que pertenece y sus arreglos y recursos materiales, se genera una distorsión, una "separación" en su relación natural con el proceso existencial, una "separación" del *campo de fuerza del amor* por el que es parte natural de la Unidad Existencial y por la que es UNO con todas las manifestaciones de vida, mientras se refuerza el campo de fuerza por el que se mantiene dependiendo del grupo social y sus recursos materiales; de modo que al separarse (o al intentar hacerlo) la identidad cultural de su relación con el grupo social, esa separación o disociación genera su experiencia de temor (en vez de la experiencia de pena como cuando se "rompe" o interrumpe una asociación primordial, una asociación con un ser humano amado o apreciado), y por un mecanismo que ahora está a nuestro alcance reconocer y entender (en la estructura energética de la Unidad Existencial) esa distorsión refuerza la dependencia de la identidad temporal cultural con la misma fuente de la distorsión (la consciencia colectiva), lo que resulta no solo en las experiencias de infelicidades y sufrimientos de la especie humana sino en la falta de desarrollo de consciencia, de entendimiento del proceso existencial (en ignorancia).

El temor y la ignorancia se realimentan mutuamente en la estructura de identidad cultural del ser humano.

Tenemos un simple ejemplo cuando se nos enseña a perseguir algo ("esto es bueno para ti", "esto te da tu lugar en la sociedad", etc.) y a depender de obtenerlo para sentirse bien. Nos enseñan, nos inducen a sentirnos bien si obtenemos eso que perseguimos, porque es bueno según la percepción de otros, no necesariamente la nuestra. No obstante, luego desarrollamos temor de no obtenerlo porque no deseamos el rechazo del mundo, siendo que en realidad no influye en nuestro bienestar excepto por la reacción del mundo sobre nosotros. No hay razón para temer excepto por la actitud mental que se nos induce desde niños hacia la reacción que no se desea desde el mundo, desde la sociedad.

Cambiando la actitud cesa el temor.

Cambiar la actitud significa no depender de la opinión o las críticas del mundo, de la sociedad. Cambiar la actitud significa decidir y actuar por lo que nos hace sentir bien a nosotros, íntimamente; no por las expectativas del mundo.

La relación causa y efecto equivocada es sentirse bien por lo que el mundo espera.

La relación causa y efecto en armonía con el proceso existencial es sentirse bien por lo que deseamos íntimamente, por lo que nos definimos por sí mismos aunque no sea lo que el mundo espera.

La *relación causa y efecto* es cultural, o natural, según se conforme por la expectativa del mundo, o por los sentimientos, y el conseguirlo, o no, que se experimenta como sentirse bien, o sentirse mal.

Repetimos, ahora identificando los componentes de la relación causa y efecto.

La *relación causa y efecto* es conformada por la expectativa del mundo o los sentimientos (es la **causa**) y el conseguirlo o no (es el resultado, el **efecto**) que se **experimenta** como sentirse bien (si se logra) o sentirse mal (si no se logra).

No obstante, cuando ocurra, a pesar de que se siga lo que se siente en el alma, la identidad temporal se siente mal si no logra lo que el mundo espera y que es diferente a lo que sentimos en el alma, en la identidad primordial. Luego, la experiencia final depende de la actitud de la identidad temporal, a quién sigue, si al mundo o a sus sentimientos. Si sigue al mundo, se desarrolla y experimenta temor si no obtiene lo que el mundo espera. En cambio, sus sentimientos nunca, jamás, van a indicar algo que no sea para realmente sentirse bien; no obstante, siguiendo sus sentimientos se siente mal si no "complace" la expectativa cultural conforme al mundo, porque no ha aprendido todavía a separar los sentimientos primordiales de las versiones culturales. Luego, habrá que resolver el problema de aprender a separar las distorsiones culturales sobre los sentimientos primordiales. Este problema tenemos que resolverlo cada uno, caso por caso, situación por situación. Nadie lo hará por nosotros. ¿Cómo lo hacemos? Siguiendo las *orientaciones primordiales* que mencionaremos luego.

¿Podemos hacernos libres de un mundo que se desarrolla por el temor aunque lo niegue?

¿Deseamos realmente saber? ¿Sí?

Entonces, para todos, crean o no crean en Dios,

nos llega una vez más una estimulación eterna ¡desde el proceso ORIGEN del que provenimos! Es una estimulación que a pesar de haberla recibido miles de años atrás continuamos recibiéndola hasta hoy, en el presente, a través de diferentes instrumentos de la Consciencia Universal[Refs.(A).2, Libro 1 y (C).1],

« *Yo Soy,*
Dios, Tu Señor, Tu Guía,
Quién te liberará de la esclavitud,
del temor y la ignorancia (de la falta de consciencia,
de entendimiento) ».

« *Creer no es suficiente.*
Tienes que hacer realidad lo que crees.
Búscame, estoy dentro de ti.
Yo te mostraré el camino para hacer realidad lo que tú
crees como la mejor versión de ti, y la mejor versión a la
que eres esperado, desde donde estés manifestado y tomes la decisión y Me sigas para ejecutarla.
Es tu decisión, no la Mía ».

76

IX

Felicidad

Revisitando el proceso SER HUMANO

Felicidad es un estado de resonancia del arreglo de identidad del ser humano; es un estado transitorio. Es una emoción. Las emociones son estados transitorios; son exuberancias energéticas que se liberan o acumulan desde o en el arreglo biológico de la trinidad *alma-mente-cuerpo* del proceso SER HUMANO.

Las emociones son estados de realimentación del proceso de control de desarrollo de identidad del ser humano. Son los bloques indicados como $\beta(+)$ y $\beta(-)$ en la Figura III.

Aquí, ya lo dijimos, no vamos a entrar en estos detalles pues ahora nos interesa la guía para crear un cambio de la experiencia de vida primero, y luego entender a Dios para interactuar conscientemente con Él.

En cambio, *el estado de sentirse bien* es el estado natural, primordial, de todo lo que existe, de todo lo que es, que a nivel energético se define como estado de "reposo" que no es tal sino el <u>estado de evolución a ritmo del universo</u>.

En nuestro caso como seres conscientes de sí mismos, nuestro estado de "reposo" es la evolución en armonía con la Fuente, con Dios.

Nosotros no creamos bienestar sino que lo mantenemos, o como ocurre ahora con nuestra especie en la Tierra, debemos esforzarnos por regresar a él, pues por desvío en el desarrollo de quienes nos precedieron la especie ha generado un modelo de asociación que no está en armonía con el proceso existencial, por lo que se generan las experiencias de infelicidades y sufrimientos.

Que no estamos en armonía con el proceso existencial se deduce de lo que nos dijo Dios por intermedio de Moisés, hace unos tres mil quinientos años,

"La falta de los padres (la falta de consciencia, de entendimiento) se pasarán a los hijos hasta la cuarta generación (hasta innumerables siguientes generaciones)",

advirtiéndonos a través de él, Moisés, de las consecuencias de no hacernos libres de la esclavitud de la ignorancia y el temor.

No somos "culpables" de ese desvío, pero sí somos responsables de hacer lo que se requiera una vez que nos hacemos conscientes del desvío.

La consciencia genera responsabilidad.

Nosotros podemos haber "heredado" los males de nuestros mayores, pero ahora somos nosotros, en este tiempo, deseando ser felices y sabiendo lo que hay que hacer, quienes tenemos que hacer lo que hay que hacer.

Nuestro estado de sentirnos bien, de felicidad como entienden muchos, depende de nuestra relación con el proceso ORIGEN del que provenimos.

Como se ha venido insistiendo, hasta que no nos reconozcamos adecuadamente en relación con el proceso ORIGEN del que provenimos no podremos acabar con nuestras experiencias de infelicidades y sufrimientos.

"¿Y los que son felices y no tienen ningún reconocimiento con el proceso ORIGEN?", se preguntan muchos.

Solo ellos podrán saber si realmente son felices, <u>si están en el estado primordial de sentirse bien</u>, sin preocupaciones, sin temores, sin expectativas que condicionen su estado de sentirse bien, de acuerdo a cómo reaccionen si perdieran lo que hoy les hace felices.

Cuando se alcanza el estado natural de sentirse bien, este estado no depende de las circunstancias temporales en las que nos encontremos, o por las que debamos pasar.

Estado de sentirse bien, referencia del proceso.

Ahora podemos comenzar a relacionar el estado de sentirse bien como la referencia natural del arreglo de control del proceso SER HUMANO.

Todo proceso existencial necesita una referencia.

Lo que se obtiene como resultado del proceso SER HUMA-NO es un aspecto de la FUENTE, Dios, dado por esa referencia.

Como analogía, si queremos una temperatura de 20 grados centígrados en el ambiente de una habitación, colocamos como referencia 20 grados, y el procesador con su algoritmo de control va a controlar el intercambio de energía en la habitación hasta que ese aspecto de la energía, la temperatura de 20 grados, sea alcanzado. [Para profundizar más en esto del aspecto de energía necesitamos revisar qué es realmente energía. No podemos hacerlo aquí, pero si lo deseamos, podemos introducirnos a hacerlo. Referencia (A).1, Apéndice].

Entender, no en detalles energéticos sino conceptualmente lo anterior, es crucial para entender nuestra relación con Dios, con el proceso ORIGEN.

Nosotros, como una unidad de proceso, necesitamos también de una referencia, el estado de sentirse bien, como vimos.

Este estado de sentirse bien es la referencia en la estructura de proceso para el desarrollo y "mantenimiento" de la identidad de la trinidad *alma-mente-cuerpo*; pero, para el proceso SER HUMA-NO como componente de la Consciencia Universal la referencia es el estado absoluto, es la Realidad Absoluta... ¡que es Dios!

Dios es nuestro objetivo (propósito) y nuestra referencia

---

de consciencia.

¿Cómo puede ser?

Dios, el proceso ORIGEN, es el estado de Realidad Absoluta, la Consciencia Universal hacia la que evolucionamos. Sí. Pero de ese estado de Realidad accesamos solo una partecita, un sub-espectro desde el que crecemos.

Es decir, nuestro objetivo es Dios; y nuestra referencia es una partecita de Él... es ¡nuestra alma!

Ahora podemos darnos cuenta de por qué nos interesa saber la relación real con Dios, con el proceso ORIGEN, pues hacia Él, hacia su Consciencia es que evolucionamos, y esta evolución no es para privarnos de disfrutar sino todo lo contario, para disfrutar más, de todo, pero en armonía con el proceso existencial.

NOTA.

Para la Ciencia.

En este aspecto de que la *referencia* de un proceso existencial es una partecita del *propósito* de la evolución del proceso, es donde debemos enfocarnos quienes desean entender hacia dónde y cómo evolucionamos (hacia Dios) los seres humanos.

Esta evolución es simplemente siguiendo el mecanismo de evolución universal de todas las formas de vida.

[A este mecanismo nos introduce el *Modelo Cosmológico Consolidado*, referencia (A).1, Apéndice].

Una vez más, debemos notar que necesitamos entender las interacciones entre constelaciones de información y experiencias de vida en los arreglos de sus asociaciones sobre una estructura con una pulsación particular, con un sub-espectro de pulsación particular sobre una pulsación de referencia, la "pulsación portadora", para cada estructura.

¡ATENCIÓN!

Regresando a la relación entre estado de sentirse bien y la estructura de control del proceso SER HUMANO,

siendo el sentirnos bien el estado natural, es la consciencia de del estado en armonía con el proceso origen que es nuestra referencia, por lo que <u>no sentirse bien</u> es la <u>estimulación fundamental</u> del ser humano, ya lo vimos, mientras que su inversa, <u>sentirse bien</u>, es el <u>propósito</u> del ser humano. En otras palabras, no sentirse bien es la "señal diferencial" que entrando al procesador F/T (la estructura de identidad del ser humano) que vimos en las Figuras III y IV, excita, mueve al procesador F/T cuyo algoritmo natural (no el cultural) es, precisamente, <u>hacer lo que sea para que esa diferencia sea nula, para que referencia y resultado sean los mismos</u>: <u>sentirse bien</u>.

La experiencia de infelicidad y sufrimiento es el indicador natural de que estamos en desarmonía con el proceso existencial, con Dios, con el proceso ORIGEN.

Si estamos en desarmonía con nuestro ORIGEN, con Dios, ¿a Quién vamos a pedir que nos oriente sino a Él?

"¡Pero Dios, el proceso ORIGEN, no me responde!",

es lo que escuchamos.

Veremos por qué Dios no nos responde; o mejor dicho, por qué no reconocemos Sus respuestas, en la sección correspondiente, más adelante.

X

Creer

Tener fe

Creer es una decisión del arreglo de la identidad temporal del ser humano en respuesta a una estimulación (información, experiencia) a la que se acepta como parte de lo que define a la identidad.

Más adelante en esta misma sección, para Ciencia y Teología veremos brevemente que creer es nuestra respuesta a una inducción (una estimulación natural) continua, incesante, desde la FUENTE, Dios, que es parte del mecanismo de transferencia de vida por el que se sustentan eternamente las interacciones de la Consciencia Universal[Ref.(A).1].

Creer es una decisión fundamental para la evolución del proceso racional que conduce al arreglo de identidad cultural del ser humano al desarrollo de su consciencia, de entendimiento en referencia a lo que cree, a lo que acepta como parte de lo que le define.

Luego, creer en Dios, en el proceso ORIGEN, es fundamental para el desarrollo de consciencia, de entendimiento de Dios (no se puede entender lo que no se cree).

Cuando se cree en Dios, llamamos a esta decisión *tener fe*.

Lo que se cree se hace parte de la identidad del que cree; se hace parte del algoritmo de control del proceso racional que se pone en marcha y, o se rige por lo que se cree.

No obstante,
creer no es suficiente.
Hay que actuar conforme a lo que se cree,
verificando continuamente, a todo lo largo del camino, que
lo que cree es lo que nos llevará adonde deseamos; y adonde
deseamos es, al final de toda especulación racional y aproxi-
mación cultural, a sentirnos bien.

¿Por qué creer no es suficiente?

¿Por qué debemos revisar lo que creemos?

¿Por qué limitamos el potencial natural de nuestra capacidad
racional?

Se dice que usamos el diez por ciento de nuestra capacidad racional "instalada", inherente al proceso SER HUMANO, y es cierto
conceptualmente, aunque quizás no sea exactamente ésta la pro-
porción útil real.

La razón por la que no podemos incrementar la capacidad útil
de la capacidad racional instalada es por no desarrollar lo que se
cree (por ejemplo, creemos en el amor primordial pero no lo vivimos, no lo practicamos realmente en nuestra experiencia de vida
diaria, sino una versión cultural) por una parte; por otra parte, por
creer o aceptar una referencia errónea (por ejemplo, creemos en
la eternidad pero luego tomamos otra referencia errónea: buscamos un origen del ser humano que no tuvo ya que es eterno. Lo
que es temporal es nuestra manifestación en este dominio, en este ambiente del universo, de la Unidad Existencial, en el que estamos presentes).

Creer es aceptar algo y hacerlo parte de la estructura de identidad del que cree. (Energéticamente es asociar lo que se cree a la
estructura que cree).

Hacer algo parte de la estructura de identidad es hacerlo parte del arreglo de relaciones causa y efecto que componen la estructura de identidad; es hacerlo parte de todo aquéllo por lo que la identidad que cree se define particularmente frente a las otras identidades... ¡por las que debe actuar, entonces!

Al incorporar lo que creemos a nuestra estructura de identidad nos estamos definiendo por lo que creemos; y se supone que vamos a actuar por lo que creemos, pues la decisión de creer lleva lo que creemos como parte del algoritmo del proceso racional que nos caracteriza, que nos define frente a los todos los demás, y temporalmente frente al universo, al proceso existencial.

Luego,

si no actuamos por lo que creemos, se genera una seria distorsión dentro de la estructura de algoritmo del control del proceso racional, de nuestra estructura de identidad, lo que genera temor y procupación, que se expande como un cáncer en la función racional, que a su vez genera las enfermedades y cánceres en el arreglo biológico sobre el que tiene lugar y se sustenta el proceso racional.

Revisitemos a continuación la conveniencia de familiarizarnos con la función de control inherente al proceso SER HUMANO. [Al fin y al cabo es familiarizarnos... ¡con nosotros mismos!, familiarización que podemos profundizar más adelante, cuando hayamos resuelto nuestra situación inmediata. Referencia (B).(I).2, Apéndice].

NOTA.

Si prefieren, pueden pasar a la próxima sección, Creer en Dios, pero antes es oportuno reiterar lo que ya se viene diciendo desde el principio: si queremos entender lo que nos ocurre, entonces necesitamos entendernos a nosotros mismos. Por supuesto lo haremos cuando estemos en calma, pero aquí, en este momento, sólo mencionaremos aspectos del control del proceso SER HUMANO para ilustrar de qué disponemos para orientar nuestro propio proceso de desa-

---

rrollo de consciencia, de entendimiento. No entraremos en detalles que se ofrecen en la referencia citada.

De la misma manera que antes, si lo que creemos no está en armonía con el propósito que perseguimos, tampoco estará en armonía con la referencia (que es una "partecita", un aspecto del propósito, según vimos antes hacia el final de la sección previa) y entonces el proceso racional se degenera, se distorsiona.

Para reflexionar.
Si, como ejemplo, deseamos experimentar libertad, entonces la referencia (en el alma, que es parte de Dios) es libertad. Luego, debemos creer en un Dios que nos haga libres, y el Dios que nos hace libres es el que nos estimula a actuar de manera que no tengamos temor ni que debamos ocultarnos de lo que hacemos.

Ningún proceso existencial real va a llegar a un propósito esperado donde el algoritmo de proceso (la identidad, en el caso del proceso SER HUMANO) no sea el que conduzca al propósito perseguido que es supervisado por la referencia. Debe haber una relación particular entre los tres componentes de la función de control, en la TRINIDAD DE CONTROL: entre referencia (Dios, o un aspecto de Dios, el estado de sentirse bien), el algoritmo temporal (el ser humano) y el propósito o experiencia (la consciencia de sentirse bien). Lo que se cree es parte del algoritmo de control.

Revisitemos las Figuras III y IV. El estado de sentirse bien del ser humano [7, H], a través de la emoción [β] se compara con la referencia y se procesa por F/T, el algoritmo de control. Observemos que el estado de sentirse bien está como propósito, y es la referencia también; ¡está en dos dimensiones existenciales!

Notemos que la referencia supervisa al propósito, siempre, a través de un algoritmo (F/T, la identidad del SER HUMANO, identidad de una unidad del proceso existencial) que es análogo, a otra escala, al proceso existencial en el que está inmerso todo lo que ocurre. Nosotros, la unidad del proceso local, temporal, estamos inmersos en Dios, el proceso universal, y éste, Dios (la

---

referencia) supervisa el proceso temporal (a través del alma, la "partecita" de Dios, del proceso existencial que llevamos dentro nuestro, que es quién indica las desviaciones) pero el algoritmo temporal, la unidad de proceso SER HUMANO, decide si sigue al alma o a lo que cree].

NOTA.

La estructura de identidad es multidimensional, o de muchas "capas" o niveles de proceso, por las que se dan lugar a identidades o personalidades múltiples "autónomas" si el proceso de control de identidad se distorsiona.

Para Todos.

Si no se hace realidad lo que se cree es sólo por no trabajar (mentalmente) para hacer realidad lo que se cree (siempre y cuando lo que se cree esté en el universo de cosas posibles, permitidas por el proceso existencial, por la Unidad Existencial).

Aunque se haga realidad lo que se cree, lo que nos llevará a experimentar felicidad, eso no nos conducirá al estado de sentirnos bien en toda circunstancia de vida, a menos que lo que se cree esté en el dominio primordial de la realidad existencial, en el dominio de la FUENTE.

Revisitación solo para Ciencia y Teología.

Breve introducción a la relación energética entre creer y la asociación celular primordial.

Expansión de la mente humana al dominio primordial.

La consciencia, entendimiento del proceso existencial, se alcanza por el proceso racional de establecimiento de las relaciones causa y efecto que se desarrollan estimuladas por la "puesta fuera" del estado de sentirse bien, y se rige o controla por lo que se cree o acepta. Esto responde al principio de inducción primordial por el que se transfiere por toda la Unidad Existencial (a través de la pulsación del *fluído primordial*, del manto energético o la red espacio-tiempo en nuestro universo) tanto la información de vida como el algoritmo de interacciones para la evolución de las especies.

Recordemos lo que sigue.

Cuando se cree o se acepta algo, <u>a ese algo se le hace parte del algoritmo de control del proceso racional</u>.

Si lo que se cree es el propósito de vida, entonces y además de ser parte del algoritmo de control, lo que se cree es propósito del proceso racional que se supervisa por una referencia, por una partecita, un sub-espectro del propósito.

Si lo que se cree no está en armonía con el propósito primordial, que es *sentirse bien conforme a los parámetros primordiales*, toda la función racional local temporal se afecta, y eventualmente se corrompe.

La FUENTE, Dios, la Forma de Vida Primordial (que vimos en la Figura I) está inmersa en el manto de fluído primordial y pulsa naturalmente, y por ella transfiere, induce, fuerza, la información para generar las formas de vida temporales y el algoritmo de interacción entre ellas y la FUENTE.

La Forma de Vida Primordial modula, redistribuye el manto energético universal, continua, incesantemente.

La inducción primordial es inherente a la configuración de distribución espacial de la energía universal. Esta configuración se describe en el *Modelo Cosmológico Consolidado* del que tenemos una introducción en la referencia (A).1, y más elaborado en la referencia (B).(I).3.

Todo lo que existe, toda manifestación existencial, ya sea materia, molécula de vida o forma de vida, pulsa.

La inducción desde la Forma de Vida Primordial obedece a la pulsación existencial que excita Todo Lo Que Es, Todo Lo Que Existe; y Todo Lo Que Es, Todo Lo Que Existe responde modulando la pulsación del manto energético transfiriendo toda la información de sus arreglos a él, al manto.

Por la inducción primordial presente en el manto energético u-niversal, dos células son estimuladas a asociarse, y la asociación resultante contiene las dos pulsaciones originales y una común a ambas. Esa frecuencia común la provee el manto energético universal. La célula toma o acepta ("cree" en ella) una inducción, y crece por ella hasta otro nivel de la inducción que recibe y toma. Ese nuevo nivel alcanzado es parte del nuevo algoritmo que busca crecer, evolucionar hacia otro sub-espectro que le sigue llegando desde la inducción primordial.

Ahora bien.

Esta misma asociación antes descripta tiene lugar en la estructura de identidad del ser humano, excepto que el ser humano tiene voluntad propia, autónoma, que la ejerce conforme a su consciencia de sí mismo que va desarrollando.

Creer o aceptar es establecer un vínculo, una asociación energética real entre el arreglo de identidad que cree y el objeto que ella cree o acepta. Si se cree o acepta una idea o concepto, esa idea o concepto está simbolizada en una estructura energética, en un arreglo o constelación de información.

La asociación es siempre por una pulsación o vibración en fase, aunque nuestros sentidos no llegan a discriminar los átomos y las partículas primordiales que intervienen en las "hebras" energéticas, en las partículas que vibran en la misma frecuencia en la misma dirección espacial formando esas hebras.

Si se cree en lo que alcanzan los sentidos (si nos limitamos a las manifestaciones del proceso existencial que tienen lugar en el sub-espectro que es alcanzado por los sentidos y dejamos fuera el resto), nos desarrollaremos racionalmente sólo sobre el sub-espectro existencial alcanzado por los sentidos.

Si se cree en lo que alcanza la mente fuera del dominio de los sentidos, entonces el desarrollo racional se expande al espectro alcanzado (o reconocido) por la mente.

Veamos.

Creer es asociar; por lo tanto, creer cambia el estado de pulsación, de vibración del arreglo de identidad (de la estructura de relaciones causa y efecto que establece y define la identidad del proceso SER HUMANO) a una frecuencia común con la del objeto que la identidad cree o acepta.

Si el objeto que se cree es del dominio primordial, entonces la mente, al reconocer ese objeto y aceptarlo, toma su frecuencia de pulsación portadora y la hace parte del sub-espectro sobre el que tiene lugar el proceso racional. A partir de ese momento, el proceso racional expande su sub-espectro de pulsación, y por lo tanto, expande su sub-espectro de interacción consciente; es decir, **tiene lugar una expansión de la mente humana al dominio primordial.**

En realidad, es siempre el manto energético el que está induciendo o estimulando la asociación que una vez conscientes llamamos creer.

El proceso existencial, el universo, responde a lo que se cree de él.

Creer en el universo es establecer una asociación energética real en un sub-espectro de la Mente Universal con nuestra mente; y el universo va a responder a esa asociación.

Si creemos en Dios, ¡nos asociamos con toda la Unidad Existential en la que el universo está inmerso!, y eso aumenta, amplifica lo que podemos hacer realidad en otro sub-espectro fuera del material.

XI

Creer en Dios

Creer en Dios es creer en nuestro ORIGEN, el que sea, el Creador o un proceso energético del que provenimos, el universo, el proceso existencial, el proceso ORIGEN.

NOTA.
Todo Lo Que Existe, Todo Lo Que Es, se define por procesos de interacciones o intercambios de energía, de movimientos, de vibraciones o pulsaciones (de vibraciones entre dos valores o estados de movimiento) en el manto de sustancia primordial y sus asociaciones (partículas primordiales y materia). Por eso hablamos de proceso ORIGEN, del proceso del que todas las manifestaciones temporales se derivan y son partes inseparables; son sub-procesos.[Ref.(A).1]

Ahora bien.
Creer en Dios debe ser algo a lo que llegamos por uno mismo, íntimamente, por convicción, por FE, no por fe, no por ninguna expectiva inducida o forzada de alguna manera por la consciencia del grupo social al que pertenecemos.
Creer en Dios debe hacernos sentir bien.
Si Dios en el que creemos no nos hace sentir bien permanentemente y bajo cualquier y toda circunstancia temporal, es porque ese Dios no es la Verdad sino una interpretación condicionada por el temor o la ignorancia (falta de consciencia).

En este momento nos damos cuenta que tenemos que revisitar

90

el reconocimiento del estado primordial de sentirse bien.

Sentirse bien primordialmente, ya como seres conscientes, como unidades del proceso existencial, es, como vimos en alguna oportunidad previa, el estado libre de preocupaciones, libre de temor y expectativas frente a cualquier y toda circunstancia de vida temporal por la que tengamos que atravesar.

Frente a este estado (que proviene de Dios) como referencia absoluta que rige el proceso SER HUMANO, y como motivación del proceso racional para el desarrollo de consciencia del arreglo de identidad, podemos no entender entonces a Dios frente a lo que experimentamos, a lo que tiene lugar en el mundo, sufrimiento e infelicidad, en un mundo... ¡creado por Dios, o resultado del proceso ORIGEN!; pero negar a Dios por ello, al proceso ORIGEN del que provenimos y del que somos partes inseparables, no va a conducirnos a entender.

No se puede "encontrar", reconocer, la Verdad que se niega.

Creer en Dios es aceptar la Fuente que se compone de los dos dominios existenciales: el *dominio material* en el que estamos y al que nos limitamos por ahora, y el *dominio primordial* (al que podemos expandirnos, precisamente, por creer, si hacemos lo que hay que hacer además de creer).

No necesitamos dejar este mundo para llegar a Dios, ni para vivir, experimentar el Dios al que llegamos ahora, en la Tierra.

Podemos no creer en Dios, en la versión limitada, condicionada culturalmente de nuestro ORIGEN. Nada que hagamos, creamos o no, va a afectar nuestra FUENTE ni nuestra relación natural con ella.

No obstante lo anterior,

de creer o no, y de lo que se crea, es que dependen nuestras experiencias de infelicidades y, o sufrimientos, y el cese permanente de ellas.

Creer en el universo, en sus fuerzas, en su poder, nos va a permitir hacer realidad lo que creamos en relación con él, pero no va a conducirnos necesariamente a la libertad primordial bajo la que experimentaremos una vivencia libre de sufrimientos e infelicidades en cualquiera y todas las circunstancias de vida.

Creer en el mundo puede llevarnos a la felicidad temporal, pero eventualmente ocurrirán eventos fuera del control del mundo, y frente a esos eventos y sus parámetros el que tengamos experiencias de infelicidades y, o sufrimientos, o no, va a depender de nuestra relación con lo que define el estado primordial de sentirse bien, y este estado no se define sobre el sub-espectro existencial en el que se desarrolla el mundo sino sobre el espectro total de la Fuente, Dios. Luego, sí, mientras tengamos lo que define el estado de sentirse bien en el mundo, estaremos bien, felices, pero al cambiar la realidad aparente la felicidad se esfumará.

Ya hemos dicho algo en la sección anterior como bases para introducirnos a reconocer la relación entre lo que se cree y el efecto o resultado: el sentirse bien o no de nuestra estructura de identidad cultural por lo que se cree.

Simplemente dicho, si decidimos sentirnos felices por lo que tenemos o hacemos en este mundo, dejaremos de sentirnos felices al perderlo. Si decidimos permanecer en el estado primordial de felicidad por Quienes somos, no dependeremos de las circunstancias locales, temporales; y esto no quiere decir dejar de disfrutar las cosas materiales, no, de ninguna manera, sino dejar de depender de ellas. Lo malo que nos ocurre en este dominio de realidad existencial, temporal, aparente, es solo eso, temporal, y tiene el propósito de "despertarnos" Quienes somos, y de estimularnos para desarrollar nuestra consciencia, entendimiento.

Cuando tomemos la decisión y la ejecutamos, de hacernos libres del mundo para disfrutar Quienes somos, creadores de nuestras experiencias de vida, cesarán las experiencias de sufrimientos e infelicidades.

XII

Creer en uno mismo

"Si no creo en Dios, ¿a quién pedir ayuda?"

En algo o en alguien debes creer.

Si no crees en nada o en nadie no puedes resolver tu problema de funcionamiento frente al mundo del que no puedes prescindir.

Eres una unidad de proceso existencial, de intercambio energético y de información; eres una unidad de proceso SER HUMANO, parte de una Unidad Existencial de la que son partes todos los seres humanos, "buenos y malos".

Todo proceso existencial necesita una referencia para alcanzar el propósito que desea.

Lo que se cree es parte de la estructura de referencias del proceso SER HUMANO; es parte de las referencias del algoritmo de control del estado de sentirse bien de la identidad del proceso SER HUMANO.

Al menos debes creer en ti.

Luego, tu recurso más importante eres tú mismo; y a través de ti llegarás a la Verdad pues eres parte inseparable de Ella.

Todo lo que necesitas puedes alcanzarlo por ti mismo.

Todo ha sido dispuesto a tu alcance. Sólo debes creerlo, y tú tienes las bases para sustentar el creerlo, el aceptarlo.

Creer es establecer una relación fundamental con el objeto o la entidad en que se cree, en este caso tú mismo, una recreación a imagen y semejanza de la FUENTE de la que provienes, del proceso ORIGEN. Ya lo vimos.

"De acuerdo. Creo en mí, pero ¿cómo es posible si siento que nunca podemos desarrollarnos solos?"

Creer en ti es una decisión de tu *identidad temporal cultural* de creer, de aceptar Quién eres y cuya *identidad primordial* es el alma, tu alma. En otras palabras, debes saber que tú, el proceso SER HUMANO, tienes dos componentes cuyas interacciones definen tu identidad, la identidad del proceso que te establece y define frente al universo. Los dos componentes que interactúan son las *identidades primordial* (en el alma) y la *temporal, cultural*. El alma es el componente de la trinidad humana en la dimensión energética primordial, en la dimensión energética de Dios. Luego, al creer en ti estás creyendo, sin saberlo de este modo, en una versión de Dios, en una individualización a otra escala de Dios en el alma, tu alma, que es parte de tu trinidad que te define.

Creer es la decisión fundamental de desarrollo, de evolución del proceso racional, <u>para la evolución de sí mismo del proceso energético hacia lo que cree</u>, y al creer en ti crees en una versión de Dios (aunque tú no lo sepas todavía). Luego, el proceso ORIGEN, el universo como dicen muchos, no va a dejar a su individualización de sí misma que le busca. No, jamás, aunque tome tiempo que tú te des cuenta.

Al creer en ti, aunque quizás sin saberlo, estás aceptando a la *recreación a imagen y semejanza de Dios* en ti; estás haciendo a esa imagen de Dios parte inseparable de ti, y Dios responde a esa decisión tuya aunque haya sido tomada sin saber de su alcance real, pues llegar a Dios es un proceso de evolución.

Al creer en ti para asumir el control de tu experiencia de vida estás asumiendo unos de tus atributos primordiales: el de creador, *a imagen y semejanza de Dios*, aunque no lo sepas de este modo; y por lo tanto, hay un cambio en el estado de vibración o pulsación de la trinidad *alma-mente-cuerpo* que sustenta el proceso que te define como SER HUMANO, lo que hace que todos los recursos del Creador[a], de Dios en o-

tra dimensión energética del proceso ORIGEN, queden a la disposición, al alcance de tu mente.

¿Hay que creer en Dios para beneficiarse de Dios?

Junto a Dios, por nuestra relación consciente con Dios, alcanzamos el estado de sentirse bien permamente, pero podemos usar el proceso existencial, a Dios, en nuestro beneficio temporal "sin creer" en Él. No obstante, nunca podemos dejar de creer en nosotros mismos sin sufrir distorsiones cuya seriedad dependerá de qué tanto dejemos de creer en nosotros mismos.

Reiteramos lo que revisamos antes.

Quién cree, o acepta, es la identidad temporal, y al creer en sí mismo lo que hace es creer en, o aceptar a otro componente del proceso SER HUMANO, a otro componente de la trinidad, aunque no sea consciente de esa trinidad; y puesto que la trinidad incluye al alma que es un componente en la dimensión energética de Dios, al creer en sí mismo acepta, sin saberlo, a Dios en alguna medida, y eso es suficiente para que la trinidad continúe su evolución natural a partir de ese nivel de creencia.

Creer en uno mismo es fundamental para el estado natural del proceso SER HUMANO. Creer en uno mismo es aceptarse, es asociarse en la estructura de identidad de la trinidad que establece y sustenta el proceso SER HUMANO. Si no se cree en sí mismo, no hay esa asociación primordial; y sin ella no puede haber estado natural de sentirse bien pues éste se define por los tres componentes del proceso SER HUMANO interactuando simultánea y armónicamente entre sí, y con la FUENTE con la que conforma la unidad de consciencia. Nadie puede funcionar bien negándose, no creyendo en sí mismo.

Creer es la respuesta consciente de la identidad temporal cultural a una estimulación desde la FUENTE, desde el proceso ORIGEN, que nos llega a través del alma.

95

Creer no es suficiente.

Creer es sólo establecer una asociación.

Para mover las fuerzas del universo para hacer realidad lo que se cree debemos hacer algo consistente con lo que creemos. Debemos establecer y cultivar una interacción o una relación activa, y no una relación pasiva como la simple asociación.

"¿Por qué lo que resulta para otros no resulta para mí?"

Somos individualizaciones del único proceso existencial, pero con particularidades que son también únicas en cada uno de los seres humanos. Cada uno tiene que crear su camino de vida particular.

"¿Por qué, si tengo todo, estoy preocupado, deprimido?"

- Por desarmonía, ya sea biológica (no siempre bien tratada por la medicina que no incorpora la interacción *alma-mente-cuerpo* para definir el bienestar), o racional (por no seguir las orientaciones y, o estimulaciones desde el alma, desde el dominio primordial);
- Porque aquello por lo que ahora te defines no es lo que te conduce al estado natural de sentirse bien.

La fuerte dependencia de tener y hacer para sentirse bien según la versión cultural, genera el temor y la procupación que son expresiones de distorsiones en la estructura de identidad.

Aquello por lo que más nos preocupamos nos dice dónde está realmente nuestro interés de vida al que nos entregamos, o qué, o quién es nuestro dios que ocupa el lugar de Dios en nuestra vida.

—

Debemos creer teniendo el valor de cuestionar lo que creemos.

¿Frente a qué o quién vamos a cuestionar lo que creemos para alcanzar la verdad?

Frente a nuestros sentimientos.

Los sentimientos provienen de Dios.

Si no nos cuestionamos a nosotros mismos no podremos ver, reconocer la Verdad.

¿Cuánto debemos cuestionarnos?

Hasta hacernos primordialmente libres, lo que ocurre al alcanzar la Verdad, Dios.

Cuestionar lo que creemos es cuestionarnos a nosotros mismos pues lo que creemos es parte de nuestra identidad, de lo que nos define.

Por eso es tan difícil tomar la decisión de cuestionar lo que se cree. No obstante, hasta que no reconozcamos que estamos equivocados no podemos rectificar; y estamos equivocados en algo mientras no hayamos alcanzado la libertad primordial: ser libres del temor y de la ignorancia por los que generamos las experiencias de sufrimientos e infelicidades.

(a)
Dios no es un Creador que crea de la nada, sino que crea soluciones en el proceso existencial tal como es, que no puede ser sino el que es naturalmente. Dios no creó el universo. Necesitamos introducirnos al proceso ORIGEN y la FUNCIÓN EXISTENCIAL para reconocer mejor el papel de Dios sobre la especie humana. Referencia (A).1, Apéndice.

XIII

¿Quién Soy?

¿Qué deseo que sea el propósito de mi vida?

"¿Quién soy en el universo?"

"¿Por qué tengo que preguntarme esto frente al universo"?

No necesariamente tiene que ser frente al universo sino frente a la fuente primordial, la que sea que uno reconoce como tal.

Como ya vimos, el reconocimiento debe ser íntimo, por uno mismo, no por lo que se nos dice sino por lo que se siente realmente en el corazón, en la esencia, en el alma.

Hay un ORIGEN primordial, absoluto, el que sea; no importa si es por una Creación o por una evolución que llegamos a la Tierra. El mecanismo energético por el que llegamos aquí no tiene importancia ahora. <u>Lo importante es reconocer nuestra fuente y buscar establecer una relación consciente</u>; esto, porque lo que nos lleva al estado natural que proviene de la fuente, al estado de sentirse bien, es la fuente misma a través de nuestra relación con ella. ¿Quién más lo va a hacer?

Ya hemos pasado por este reconocimiento.

Hay una fuente de la que provenimos y por cuya relación es que vamos a alcanzar lo que deseamos... ¡y que ya ha sido dispuesto para que lo alcancemos!

Lo diremos repetidamente,

la creación consciente de nuestra experiencia de vida que deseamos depende de nuestra relación con la fuente que re-

conocemos.

¿Por qué insistir es esto?

Porque perseguimos disfrutar la vida en este mundo. Es natural. Disfrutar es el propósito real de la vida; es el único. Este mundo es la fuente de las ocurrencias frente a las que tenemos nuestras experiencias, no necesariamente felices, y ciertamente muy a menudo muy sufridas.

Se nos dice que todos podemos alcanzar la felicidad en este mundo, y se nos enseñan numerosos caminos para hacerlo, para lograrlo, ya que el mundo tiene todo lo que puede hacernos felices; eso dicen. Y si no lo logramos, mucho se nos dice acerca de buscar la voluntad de Dios, una voluntad que pocos conocen; muchos hablan de resignación, que en la "otra vida" está la felicidad, pero esto no tiene sentido; no, en absoluto. ¿Para qué venir a esta vida?, ¿para qué ser enviados o manifestados en esta vida si la felicidad está en la otra? No tiene sentido. Y tampoco tiene sentido traer aquí todas las innumerables argumentaciones culturales en relación a la voluntad de Dios y, o los planes de Dios o de los propósitos de vida que no se conocen o que hemos rechazado cuando nos han sido dichos.

¿Quién puede hablar de una voluntad de Dios que si no conoce menos puede seguirla?

¿Quién puede hablar de una voluntad del universo? Ni siquiera pueden hacerlo muchos, si acaso alguno, de entre quienes acuden a las fuerzas del universo para hacer realidad sus experiencias o sus propósitos de vida.

Es obvio que el mundo, la civilización de la especie humana en la Tierra, a nosotros, ahora, en este momento del proceso existencial, no puede darnos respuestas que no tiene, o mejor dicho, que no ha reconocido; si lo hubiera hecho, no estaríamos como estamos.

Entonces, veamos, una vez más.

Si creemos que provenimos de la evolución de un proceso, el que sea, Dios es el proceso cuya evolución nos dio lugar. Si creemos que provenimos de la evolución de nuestro universo, entonces nuestro universo es nuestro origen, es Dios.

Si creemos que provenimos de una Creación, nuestro ORIGEN es Dios, es el Creador.

No importa qué creamos cuál fue el mecanismo por el que llegamos, con tal de que creamos por nosotros mismos, íntimamente, que provenimos de una fuente y busquemos establecer nuestra conexión íntima, individual, particular con la fuente, y no por la aproximación cultural que se nos induce.

Si reconocemos que somos parte de una fuente, este reconocimiento primordial nos llevará a corregir lo que creemos (que es una decisión cultural) conforme a lo que nos hace sentir bien frente a cualquier y toda circunstancia de vida temporal. Lo que nos hace sentir bien de esta manera proviene de la fuente.

En cuanto al mecanismo por el que llegamos, Creación o evolución, está resuelto por el *Modelo Cosmológico Unificado, o Consolidado Científico Teológico*[Ref.(A).1], pero es irrelevante para nuestro propósito inmediato que es saber por qué Dios no nos "responde" (en realidad es saber por qué no entendemos a Dios a pesar de que Él nos responde... ¡todo el tiempo!).

Lo importante es establecer una relación consciente íntima con la fuente que reconocemos, ya que de ella depende que podamos alcanzar la *armonía* entre ambos, como es pertinente naturalmente entre dos procesos que son parte de la Unidad Existencial que se define, precisamente, por armonía, como ya veremos inmediatamente en la próxima sección.

De la relación con la fuente depende nuestra felicidad relativa a la fuente que reconocemos. La fuente fija los parámetros para eso, para ser felices en ella.

Por lo antes dicho, <u>si seguimos al mundo</u>, debemos hacer lo que el mundo fija como parámetros de interacción para estar en armonía con él. Pero sabemos que en el mundo no tenemos garantizada una felicidad permanente. En cambio, si la fuente que reconocemos para nuestra felicidad es el proceso Origen Absoluto, Dios, sí tenemos esa garantía. Obviamente, así como tenemos que trabajar para alcanzar la felicidad temporal, relativa en el mundo, también tenemos que hacer algo, trabajar, para alcanzar la felicidad permanente en la Unidad Existencial; en realidad es regresar al estado de sentirse bien natural que la especie humana ha perdido por su desarrollo en desarmonía con el proceso ORIGEN del que proviene.

Cuando nos reconocemos frente a una fuente, el primer paso de establecimiento de relación con ella es creer en ella, es aceptarla.

Creer lleva implícito confiar en la fuente, "entregarse" a la fuente o al objeto en el que se cree (a la fuente o la persona), y la armonía se establece cuando esta relación de confianza es recíproca.

Creer es una decisión fundamental para el desarrollo de consciencia del proceso existencial, aunque no es todo. Hay algo más que tenemos que hacer, aparte de creer. No obstante, creer es el primer paso mandatorio ya que si no creemos no puede iniciarse el proceso primordial para regresar a la armonía.

Algo que debemos tener en cuenta es que creer en una fuente no necesariamente nos lleva a Dios, al proceso ORIGEN Absoluto, sino a una relación con esa fuente en la que creemos. Por eso es que creyendo en una versión, en una interpretación cultural de Dios no llegamos inmediatamente a Dios, y que no llegamos nos lo dice el estado de desarmonía que prevalece en el mundo.

Por otra parte, toda la información que necesitamos para realizarnos como seres humanos en el proceso existencial, junto a la fuente, a Dios, al proceso ORIGEN como compañeros en el Juego de la Vida, está en nuestro arreglo de moléculas de vida, de moléculas ADN en nuestra estructura biológica [Refs.(B).(I).3 y (II). 4, vol. 1].

Cuando creemos o aceptamos lo que consideramos la fuente primordial, Única, <u>ésta es realmente la fuente cuando la extende-</u>

mos hacia los demás tal como nosotros la deseamos hacia noso-tros mismos, satisfaciendo aspectos de nuestra naturaleza que son comunes a todos: eternidad, amor, regocijo; y que nos haga libres de todo mal (de toda experiencia de sufrimiento e infelici-dad), que nos deje expresar nuestra voluntad y ejercer nuestra capacidad racional con poder de creación ilimitado para hacer realidad nuestros sueños o deseos.

Si reconocemos un Dios o una fuente primordial que de al-guna manera limite a otros, que no satisfaga en otros lo que buscamos para nosotros mismos, entonces ese Dios no es tal sino un dios a nuestra conveniencia o resultado de una percepción limitada, condicionada, o distorsionada.

Somos un proceso existencial.

Somos una unidad de creación de experiencias de vida.

Necesitamos crear experiencias pues somos creadores, y ne-cesitamos una referencia para guiar el proceso de creación.

Creamos constantemente para sentirnos bien, aunque casi no somos conscientes de ello, de crear.

Si no nos definimos, si no nos fijamos algún propósito hacia el cual ir o que como proceso consciente de sí mismo deseamos re-alizar, ¿qué vamos a obtener del proceso, de nosotros mismos?

Uno debe definir su propósito de vida, hasta que sea ca-paz de reconocer el propósito primordial por el que está en este dominio material, temporal.

Fijar un propósito dado o el propósito de vida es fijar la referen-cia del proceso racional que se reconoce a sí mismo. Ningún proceso puede funcionar sin una referencia.

¿Quién fija el propósito de vida del ser humano?

Fuera del propósito absoluto primordial, igual para todos, cada uno por sí mismo fija sus propósitos de vida que no son sino para sentirse bien conforme a su individualización del proceso ORIGEN.

Esto sigue indefinidamente hasta que el individuo sea capaz de reconocerse como aspecto particular del proceso existencial y se dé cuenta del propósito absoluto final hacia el que se dirigen todos los seres humanos, propósito que reconoce íntimamente y hace suyo cuando está listo.

El propósito final para todos está fijado en la eternidad; no es fijado por Dios. Dios es la consciencia de sí mismo del proceso eterno. Un proceso eterno precede a Dios, o Dios es la consciencia instantánea de la Unidad Existencial, de la suma de todas las componentes temporales en cada instante existencial[Ref.(A).1].

Si el ser humano es la *recreación a imagen y semejanza de Dios,* entonces Dios es su propósito.

Dios es el propósito absoluto del ser humano.

¡Dios es la Realidad Absoluta hacia la que evoluciona el ser humano!

Dios estimula y orienta hacia este reconocimiento del ser humano, y guía el proceso, el camino para hacerlo realidad, si es lo que el individuo desea y hace lo que debe hacer.

Nadie puede definir ningún propósito de vida para otro.

El propósito de vida es fijado individualmente como una expresión de la consciencia que cada ser humano alcanza del proceso existencial.

- Simple, elementalmente dicho,
  el propósito de la vida es disfrutar la vida.
  La existencia es eterna.
  Somos resultado de una Presencia Eterna y sobre eso no tenemos opción sino sobre las experiencias que podemos

crear.

- Más elaborado,

el propósito de las manifestaciones de vida es difrutar el proceso existencial consciente de sí mismo, y disfrutar la gloria, el éxtasis, como creador de las experiencias de vida primero, como Dios finalmente. Nuestro propósito fijado por el proceso eterno es hacernos parte consciente de Dios, para lo que no es necesario dejar nuestra individualidad. Nos hacemos Dios por la integración a la Estructura de Consciencia Universal. No hay nunca un Dios aislado, "separado", sino como una suma o integración de unidades de consciencia, de "células"; una integración o asociación de todas las unidades de inteligencia, o manifestaciones de vida universal, cuyas interacciones resultan en la Consciencia Universal, en la consciencia de sí misma de esas interacciones; resultan... ¡en Dios!

XIV

Armonía

Armonía es un concepto que casi no requiere de explicaciones racionales pues es un concepto primordial.

Cuando los seres humanos de una sociedad estamos en armonía, experimentamos la paz, tranquilidad.

Cuando estamos en paz con nosotros mismos, también decimos que estamos en armonía.

Sin embargo, aunque de alguna manera capturamos el concepto primordial, no necesariamente entendemos qué es armonía energéticamente, ni qué es lo que está en armonía dentro nuestro o en la sociedad para experimentar el estado que llamamos paz.

Entonces, antes que nada, cuando decimos que buscamos la paz en las experiencias de vida en el ser humano y sus sociedades, en realidad la <u>paz es el estado de sentirse bien que indica</u> <u>que la asociación de seres humanos tiene lugar bajo una relación</u> <u>natural</u>, primordial, es decir, en armonía con el proceso ORIGEN del que proviene y estimula la asociación.

Notemos que *estado de sentirse bien, paz, tranquilidad*, son diferentes palabras para expresar el mismo concepto primordial. No vamos a entrar en esto sino que debe llamarnos la atención a las limitaciones en algunos casos, y complicaciones en otros, que se derivan sólo del lenguaje, de los símbolos que usamos para describir cosas y aspectos primordiales. Por eso siempre debemos hacer un trabajo con Dios, con el proceso existencial, con el proceso ORIGEN que se encuentra en nosotros en otra dimensión energética, en el alma, en nuestros sentimientos (que no son nuestros después de todo, sino puestos a nuestro alcance).

La fuerza de GRAVITACIÓN primordial mantiene al universo unido, a todo lo que dentro de él lo conforma.

De la misma manera, el *amor* mantiene a todas la formas de vida funcionando de manera de sustentar la Forma de Vida Primordial (que es la suma de todas las manifestaciones temporales) y sus interacciones por las que se sustenta la Consciencia Universal. A la Consciencia Universal es que acceden las manifestaciones de vida superiores, y entre ellas, la especie humana.

La característica de estas interacciones es *armonía* [Ref.(A).1].

Nuestro amor cultural es la respuesta limitada, condicionada, a la estimulación de la pulsación primordial desde la Forma de Vida Primordial, de Dios.

Amor es el algoritmo de la FUNCIÓN EXISTENCIAL CONSCIENTE DE SÍ MISMA que tiene lugar en la TRINIDAD PRIMORDIAL [Ref.(B).(I).3].

Entender la armonía en una sociedad de seres humanos quizás resulte más fácil de alcanzar, energéticamente, que la armonía individual. Esto es porque no estamos acostumbrados a vernos como un proceso consciente de sí mismo establecido y sustentado por interacciones en, y por una trinidad energética. Ya hemos reconocido los elementos de la trinidad, *alma, mente y cuerpo*, sin embargo, no le prestamos casi ninguna atención a sus interacciones por las que nos definimos y funcionamos (y por las que somos conscientes, a su vez, por interacciones de nuestra trinidad con la TRINIDAD PRIMORDIAL de Dios).

Veremos una breve introducción a continuación.

No vemos a entrar en detalles energéticos sino una descripción básica de las características de las interacciones que definen a la *armonía entre los componentes de esas interacciones*.

¿Quién no reconoce la armonía entre los diferentes músicos con diferentes individualidades humanas, que tocando diferentes instrumentos nos deleitan con nuestra pieza musical preferida?

Frente a las descripciones que siguen veamos qué tan lejos estamos de la armonía primordial en nuestras sociedades (y luego nos preguntamos ¿por qué los males del mundo?).

Para Todos.

Armonía entre dos procesos energéticos, entre dos seres humanos, entre un ser humano y una asociación de seres humanos, o entre un ser humano y el universo, es simplemente la concertación de esfuerzos físicos y racionales, operaciones e interacciones, para alcanzar el resultado común deseado, <u>mientras se mantiene el resultado (la identidad, la individualidad) de cada uno</u>.

El resultado común deseado es sentirse bien, en paz, tranquilo; individual y colectivamente.

Armonía es la característica de interacción entre las partes que conforman una unidad existencial, de manera que <u>la asociación de las partes</u> (de los individuos, en el caso de una asociación humana) <u>se establezca y sustente proveyendo los recursos necesarios para que cada parte</u> (cada individuo) <u>de la asociación mantenga su individualidad</u> (y experimente la creación que desea) <u>sin afectar a las individualidades de las demás partes</u>.

La unidad se sustenta por sus partes.

Reiteramos, para el proceso creativo,

La armonía es la característica de interacción entre diferentes partes para <u>crear una entidad nueva</u> con un propósito común para todas las partes, <u>manteniendo las individualidades de todos su componentes</u>.

En la Unidad Existencial ese propósito para todas y cada una de sus partes, para todas y cada una de sus individualizaciones, es que todas y cada una alcance su realización conforme a Quién es en la Unidad Existencial, o a quién desea experimentar, sin afectar ni interferir los propósitos de los demás, es decir, todas interactuando para realizarse a sí mismas, sin limitarse ni condicionarse mutuamente.

Para que eso sea posible,

antes debemos lograr eso mismo, <u>la armonía antes descripta</u>, en nuestra trinidad; todos y cada uno por sí mismo. Cuando lo logramos, lo logramos frente a Dios pues nuestra trinidad incluye a Dios en el alma, la que se expresa en los sentimientos primordiales.

Una roca se define por la armonía de las interacciones entre todos sus átomos de silicio y oxígeno, y algunos átomos como calcio, manganeso, hierro, azufre, cobre y, o algunos otros pocos elementos más.

La roca es una inmensa mayoría de átomos de silicio y oxígeno, pero esa mayoría no impide a los otros átomos darle una característica particular a la unidad, a la asociación, a cada tipo de roca especial dada por el calcio, o el hierro, u otro elemento. Así, la mayoría de átomos de silicio y oxígeno permite la "realización" de cada grupo de átomos diferentes para darle una característica diferente a cada roca que responde a ese grupo pequeño de átomos. Notemos que esos átomos minoritarios pueden crear las bellas variaciones de rocas por sobre, y precisamente, gracias a la mayoría de silicio y oxígeno. ¡Qué monótonas serían las rocas de silicio y oxígeno si no fueran por los otros átomos!

¿Podemos imaginarnos lo aburrida que sería la vida si no tuviéramos que crear nuestras soluciones conforme a nuestras individualizaciones que somos del proceso ORIGEN, y frente a los retos que nos ofrece el mundo?

Sin embargo, frente a las experiencias de sufrimientos e infelicidades, este argumento, aunque sea absolutamente cierto, no nos convence mucho ahora.

Nuestro gran problema de la especie humana es cómo percibimos culturalmente nuestras experiencias de vida, y esa percepción es la razón por lo que damos lugar a nuestras experiencias de infelicidades y sufrimientos.

Es verdad que muchos vienen a la Tierra con problemas que han heredado de las generaciones que nos precedieron, pero para ellos también hay solución a sus alcances si aceptan que su situación es temporal, y se disponen a hacerle frente. Una vez aceptada la situación, o lo ocurrido, su experiencia es cambiable.

No se puede cambiar lo que no se acepta que es parte de lo que debemos enfrentar en la vida, nos lo "merezcamos" o no. Hay cosas que ocurren, muchas por creación inconsciente de parte nuestra, otras no, pero ocurren, y oponiéndonos a una ocurrencia no vamos a resolver nuestra experiencia; rechazar lo ocurrido no tiene sentido sino hacerle frente.

Se acepta la situación temporal, y entonces se cambia la experiencia sobre esa situación por un cambio en la actitud mental. Tenemos la capacidad para crear el cambio que buscamos. Si optamos por no hacer uso de esa capacidad, de intentarlo al menos, no podemos esperar que otro lo haga por nosotros. Si alguien lo hace, nos resuelve nuestro problema en esa instancia, pero es de nuestra conveniencia aprender a hacerlo por nosotros mismos, para siempre. No aceptamos este argumento porque no tenemos realmente consciencia de eternidad y creemos que nuestros problemas se terminan al irnos de esta manifestación de vida en la Tierra. Pues... no es así. Somos eternos. Continuamos viviendo, experimentando el proceso existencial inescapable, inexorablemente, pero tenemos cómo hacerlo disfrutando permanente, eternamente. Y la solución está aquí, ahora, cuando la deseamos, no después.

Para Ciencia y Teología.

Armonía es el Principio Absoluto del proceso existencial que genera las Leyes Universales y rige las interacciones entre

todos sus componentes por las que se define la Unidad Existencial, Dios, y se sustenta Su consciencia, su reconocimiento con entendimiento de sí mismo, la Consciencia Universal, conservando las individualidades de todas las unidades de consciencia interactuantes (de los seres humanos)[Ref.(A).1].

XV

El origen de las experiencias de infelicidades y sufrimientos de la especie humana en la Tierra

Desarmonía entre el ser humano y Dios

El origen de las experiencias de infelicidades y sufrimientos que plagan a la especie humana desde su aparición en la Tierra es su desarmonía con el proceso existencial del que proviene, o dicho de manera más simple, es su desarmonía con la fuente de la que proviene. La fuente de la que proviene el ser humano es Dios para unos, es el universo para otros.

No hay ninguna otra razón.

Esta desarmonía, a su vez es resultado de la ignorancia, de la falta de consciencia, de entendimiento de la fuente o del proceso existencial del que la especie humana proviene y del que es parte inseparable.

Hay una relación obvia, inevitable e inseparable entre el proceso ORIGEN, Dios, y el ser humano. El ser humano es una manifestación temporal del proceso ORIGEN.

¿Qué es un proceso existencial, un proceso energético?

Es un intercambio de energía que tiene lugar dentro de un contenedor en el que tiene lugar ese proceso.

Dentro de un cuarto en el que se controla su temperatura, lo que hay es un proceso de intercambio de energía. Se agrega o se extrae energía de la habitación para mantener su temperatura.

Temperatura es una indicación del estado de energía del objeto, cuerpo, de la habitación en este caso; es un aspecto de la atmósfera de la habitación, del manto energético de la habitación.

Energía es movimiento, vibración, pulsación (del aire, el agua, las células, los átomos, las asociaciones de átomos, la materia).

El contenedor del proceso ORIGEN o de Dios es la Fuente; es la Unidad Existencial; es el Universo Absoluto dentro del cuál se halla inmerso nuestro universo, el espacio de la Unidad Existencial que, como ya dijimos, alcanzamos desde la Tierra.

La Fuente es un colosal contenedor de energía (en realidad es contenedor de sustancia primordial y sus asociaciones, la materia, que tienen energía, la capacidad de generar movimientos).

El cuerpo del ser humano, entidad biológica, es el contenedor del proceso SER HUMANO, pero el proceso SER HUMANO es establecido y sustentado por una estructura trinitaria: *alma, mente y cuerpo.*

¿Qué es un proceso racional?

Es el intercambio de información y experiencias que tiene lugar en la entidad que se reconoce a sí misma (en Dios, a nivel absoluto; en el ser humano, en esta manifestación temporal) por el que se establecen las relaciones causa y efecto y se experimentan los aspectos de la consciencia: los sentimientos y las emociones.

Las relaciones causa y efecto tienen lugar en nuestro arreglo de identidad mientras que los aspectos de consciencia se experimentan entre nuestra estructura energética trinitaria *alma-mente-cuerpo* y la TRINIDAD PRIMORDIAL del proceso ORIGEN, Dios.

Las emociones son fenómenos de exuberancia energética de la estructura trinitaria que establece y sustenta el proceso SER HUMANO. En ciencia se les llama *estados de resonancia*, de amplificación en el estado de pulsación o de vibración de la estructura energética. Estos estados de exuberancia energética (positivas o negativas) se deben a decisiones de la identidad humana frente a excitaciones energéticas o interacciones con el resto del universo o las manifestaciones de vida. Que esas decisiones estén en o no armonía con el proceso ORIGEN van a generar diferentes estados de resonancia o emociones del proceso SER HUMANO, y esas emociones se comparan luego frente a los sentimientos. **De la armonía entre los sentimientos y las emociones depende el estado de felicidad transitorio, y particularmente el estado de sentirse bien permanentemente.**

Los sentimientos son estimulaciones primordiales, provienen de Dios, y las emociones son aspectos de Dios experimentados por el ser humano.

No podemos ir más lejos que esto en esta breve introducción.

¡ATENCIÓN!

Hay algo que sí debemos decir en este momento.

La desarmonía inicial entre especie humana y Dios, entre los procesos SER HUMANO y ORIGEN es parte del proceso de recreación del proceso ORIGEN, Dios, en la especie humana.

El proceso ORIGEN no puede forzar a la recreación de sí misma a tomar la orientación correcta de desarrollo de consciencia sino que lo hace a través de un proceso de estimulación, no de inducción, para dar la oportunidad a su recreación de sí misma a experimentar el proceso de conscientización. Sin esta experiencia, el ser humano no sería más que una entidad sin potencial creativo (aunque tuviera la misma capacidad creadora que ahora tiene).

Toda manifestación de vida evoluciona por sí misma, a partir de una referencia y de un algoritmo de proceso primordial. El resultado de un paso de proceso se usa como nueva referencia en el paso siguiente, y la nueva entidad se compara con otra referencia que no es sino otro nivel de la misma y única Forma de Vida en el dominio primordial.

Una vez que se alcanza en el proceso SER HUMANO un nivel de identidad consciente de sí misma por un proceso forzado, por inducción, toda evolución posterior tiene lugar por decisión voluntaria del proceso SER HUMANO en ejercicio de la voluntad consciente dada, transferida por el proceso ORIGEN, por Dios.

No obstante, Dios nunca deja de estimular a Sus individualizaciones a *imagen y semejanza* por las que se re-crea a Sí mismo en todos Sus aspectos.

Ahora bien.

Debido a esta transición de evolución forzada a evolución voluntaria es que percibimos y experimentamos que Dios "no responde" sino hasta que la identidad del proceso SER HUMANO toma la decisión, y la ejecuta, de desarrollarse en armonía con el proceso ORIGEN, con Dios.

En realidad, Dios nunca deja de responder sino que el ser humano no puede reconocer la estimulación de Dios mientras mantenga su desarmonía.

Al tomar la decisión de ir hacia la armonía con Dios y ejecutarla, cambia el estado de vibración, de pulsación de la trinidad que establece y define el proceso SER HUMANO, y se "alinea", se pone en fase, se "sincroniza" o pone en armonía con Dios, con el proceso ORIGEN, lo que le permite reconocer, ahora sí, las orientaciones de Dios todo el tiempo.

El temor es una experiencia por la dependencia de la identidad a su fuente local (el mundo); es un aspecto de la consciencia que le indica esa dependencia o desarmonía, disociación con el proceso ORIGEN, con la FUENTE. Este temor disminuye al acercarse más a la fuente local, al depender más de ella, lo que aumenta la disociación con la FUENTE primordial y hace tan difícil luego el tomar una decisión de dejar la "protección" de la fuente local, del mundo, para regresar a Dios en esta vida.

XVI

Regreso a la Armonía con Dios

Podemos regresar al estado de armonía con Dios, sin entender el proceso existencial, si actuamos por las *actitudes primordiales* que rigen las actitudes del ser humano en armonía con Él. Luego veremos estas *actitudes primordiales*.

Para ello debemos creer en las *actitudes primordiales* que provienen de Dios.

No obstante, por regresar a la armonía con Dios no necesariamente entenderemos el proceso existencial.

Regresar a la armonía con el proceso ORIGEN no nos va a llevar a entender el proceso ORIGEN y nuestra relación con él, sino que nos conduce a una experiencia de vida libre de sufrimientos e infelicidades.

Para entender el proceso existencial tenemos que interactuar íntima, personalmente con el proceso existencial, con Dios. Esta interacción se predispone, se nos "abre el canal de comunicación consciente" como luego veremos, cuando cultivamos una relación con Dios por la vivencia por *Sus actitudes primordiales*.

Al vivir por las *actitudes primordiales* estamos no solo aceptando a Dios como nuestra guía sino ¡viviendo por Sus mismas actitudes que Le definen!

Pasaremos enseguida al Manual del Juego de la Vida, a la guía para establecer la interacción consciente con Dios para hacernos co-creadores de un propósito o de la experiencia de vida que deseamos.

Entonces, es oportuno reiterar lo siguiente.

Siempre podemos regresar conscientemente a la relación natural con Dios aunque no entendamos a Dios, pero si deseamos entender tenemos que ponernos a trabajar, a revisar el proceso existencial. Entender, ser consciente, es algo que se adquiere por sí mismo, no a través de otro, no a través de ningún intermediario. Las experiencias de otros son estimulaciones para reconocer que hay una relación única para todos a la que se llega por un camino o proceso que cada uno debe crear.

Por lo antes dicho,

si buscamos una "receta" única para todos, estamos equivocados.

Tenemos las orientaciones primordiales válidas para todos, pero somos los creadores de nuestro camino o proceso particular.

Tenemos lo que muchos llaman las Leyes de la Armonía, que no son sino las *orientaciones primordiales y las actitudes primordiales* por las que se expresa la armonía natural, la armonía del proceso existencial consciente de sí mismo.

Sin embargo, no las seguimos. ¿Por qué no las seguimos?

Lo veremos en la sección Dios, ¿por qué no me respondes?

Nuestro camino es el que responde a nuestra individualidad única que somos del proceso existencial; y que responde a nuestra individualidad lo sabemos por el estado de sentirnos bien y nuestros sentimientos primordiales.

Nuestras emociones que resultan de las experiencias de vida se realimentan en la estructura trinitaria de interacciones Dios-Ser Humano, y le indican a Dios si se han obtenido siguiendo los sentimientos primordiales (que son Sus orientaciones) o nuestras versiones culturales.

Nadie puede fijar el camino particular para nosotros. Sólo nosotros podemos crearlo.

Guía para elaborar el Manual del Juego de la Vida

¿Puedo ser capaz de controlar mi experiencia de vida sin importar bajo qué circunstancias yo tenga que hacerlo?

« Sí, pero antes tienes que hacerte libre.
Para hacerte libre tienes que perdonarte a ti mismo.
Detén el sufrimiento que te causas a ti mismo por ignorancia,
por la falta de consciencia del proceso existencial y de Quién
eres en Él »

Hasta que no tengamos claro, absolutamente claro, el propósito al que deseamos llegar o hacer realidad, no podremos tomar decisiones adecuadas frente a las múltiples circunstancias de vida que "tratarán" de distraernos o de impedirnos que lleguemos a ese final o propósito. (En realidad, somos siempre nosotros mismos los que no debemos dejarnos distraer).

Somos una unidad de control del estado primordial de *sentirse bien* del proceso SER HUMANO.

Si sabemos Quienes Somos, y adonde vamos o lo que deseamos mostrar como expresión de Quienes Somos, nuestro proceso racional o proceso de redistribución de información y de experiencias de vida es para mantener nuestra identidad primordial, el estado de *sentirnos bien*; y mostramos el estado de *sentirnos bien* en las decisiones a las que llegamos por el proceso racional por el que se sustenta el estado de *sentirse bien*. Luego, frente a cualquier y toda circunstancia de vida debemos mantener el control de sí mismo, es decir, conservar la calma.

Lo único que nos hace perder la calma, nuestro control de sí mismo, es el temor.

XVII

Guía
del proceso de creación de un propósito o de la experiencia que se desea, y de realización de la mejor versión de sí mismo que se alcanza

Vamos a presentar un resumen de los principales aspectos que son parte del proceso de creación de nuestros propósitos o experiencias de vida (o de cambio de realidad de vida) y algunos comentarios breves cuando sea necesario.

Seguir esta guía para elaborar nuestro propio manual, nuestra versión personificada, luego de haber revisado todo el material de este libro, no es necesariamente un proceso secuencial continuo ordenado como se presenta aquí, sino que vamos deteniéndonos y regresando a menudo a sus diferentes tópicos a medida que nos vamos reconociendo mejor frente a nuestro ORIGEN, y definiéndonos mejor frente a cada uno y todos los aspectos que debemos tener en cuenta y, o necesitamos para beneficiarnos de, o mejorar, optimizar, la relación consciente que decidimos provocar y cultivar con Dios, con el proceso ORIGEN.

Cuando nos sentimos muy mal es difícil tomar el control de sí mismo que nos lo imposibilita el disturbio o situación que nos afecta y no nos deja revisarnos a nosotros mismos, y a menudo dejamos o esperamos que otros lo hagan. Sin embargo, a pesar de toda la ayuda que deseemos tener, revisarnos a nosotros mismos es algo que debemos hacer por nosotros mismos; y quienes deciden realmente ayudarnos, apoyarnos en nuestra búsqueda, son quienes están dispuestos a escucharnos y dejar que ventilemos los pensamientos desordenados, sin hacer juicios conformes a sus percepciones ya que éstas serán siempre limitadas dado que somos, cada uno de los seres humanos, un juego diferente de aspectos de Dios. Si escuchan atentamente quienes nos ayudan, luego pueden presentarnos nuestras propias ventilaciones para que nosotros veamos en ellas, más calmados, lo que no pudimos ver, reconocer por nosotros mismos al ventilarlas. Al estar afectados "hablan" nuestros sentimientos, el alma, quién reconoce lo que nos afecta, o habla la parte más íntima de la identidad cultural; en cualquier caso, habla "quien se siente afectado" en el complejo arreglo de identidad de la estructura de proceso SER HUMANO, y no permite que el proceso racional que tiene lugar por el "algoritmo de proceso", que es precisamente la identidad afectada, pueda llevarse a cabo adecuada, ordenada, objetivamente. La ayuda debe ser para re-ordenar al afectado, no para decirle lo que debe hacer, excepto lo que sea que le haga sentir bien primordialmente (como nos lo dicen nuestros sentimientos), no culturalmente (como lo dice y practica el grupo social al que pertenecemos).

Obviamente partimos del hecho de que no nos sentimos bien, que algo nos afecta. Definir claramente qué nos afecta, y por qué, es esencial. No es fácil. Tenemos la tendencia a culpar a otros o a la vida, o a Dios. Sí hay situaciones a las que habremos sido llevados sin nuestra participación directa, y sí hay quienes por las razones que sean causaron lo que nos afecta; pero aún así deseamos retomar el control de nosotros mismos. Nos interesa recuperarnos a nosotros mismos por sobre todo. Tenemos que tratar de no hacer nada hasta que por nosotros mismos, en nuestra intimidad, estemos dispuestos a ser honestos con uno mismo. Y para ello debemos tener la fortaleza de revisarnos solos frente a la situación cuyos efectos deseamos resolver, eliminar, cambiar. Y si realmente creemos que somos un juego de aspectos de Dios, ¿Quién mejor que Dios para ayudarnos, guiarnos? No se trata de admitir culpabilidades al revisarnos; no hay realmente tal cosa sino inexperiencia, falta de consciencia, de entendimiento de cómo funciona la vida, el proceso existencial. Culpar no resuelve nuestra afectación por lo que ya pasó; y por lo que está pasando, uno siempre puede crear un cambio. Siempre hay algo que nos indica que no vamos por buen camino en nuestros proyectos de la experiencia de vida que perseguimos hacer realidad, o en el razonamiento que hacemos frente a una situación que no nos gusta y a la que fuimos traídos o hechos parte. Pero no prestamos atención a los indicadores naturales que siempre tenemos, fundamentalmente a través de nuestros sentimientos, porque esperamos que las cosas cambien por sí mismas, en parte por la inducción que se recibe del mundo desarrollado principalmente por temor, no por amor; y además, cuando el mundo nos sugiere algo por amor lo hace por una versión cultural distorsionada usualmente subordinada a alguna forma de temor o dependencia de otros intereses que requiere de nuestra revisión caso a caso, íntimamente, con valor.

Si hay algo realmente distorsionado en nuestro mundo es la práctica cultural del amor.

Sólo consideremos ahora que <u>amor no significa renunciar a ser feliz para hacer feliz a otro</u>; amor no significa dejar que ocurra lo que sea en nosotros y aceptarlo por "amor". Cuando nosotros aceptamos algo es porque nos hace sentir bien, <u>no por obligación</u> sino porque es parte de lo que nos permite expresar lo mejor de uno mismo... porque creemos y nos hace bien lo que aceptamos, que ayuda al otro a desarrollarse hacia lo mejor de sí mismo. Amor es velar por el bienestar del amado, porque tenga lo que todos los seres humanos necesitamos por igual; y porque tenga las mismas oportunidades que deseamos para nosotros mismos, para que experimente la vida que desea y por la que está dispuesto a hacer lo que sea conforme a su capacidad inherente.

Luego de revisar lo que nos hace sentir mal y frente a lo que decidimos tomar acción, los aspectos fundamentales son: aceptar lo ocurrido; creer en uno mismo; hacerse libre; reconocerse frente al ORIGEN [(el que sea, en el que realmente creamos por uno mismo, no por inducción cultural) pues del ORIGEN provienen los atributos y capacidades naturales del ser humano, a partir de los cuales, luego, en ejercicio de su voluntad y poder de creación, continúa su desarrollo, particularmente de la habilidad de uso de las capacidades naturales]; cambiar las actitudes mentales frente a las ocurrencias de la vida, del proceso existencial.

En nuestro trabajo personal, íntimo, regresaremos una y otra, y otra vez, a estos aspectos fundamentales a cuya revisión y ordenamiento debemos disponernos para crear ya sea un propósito de vida a partir de una situación indeseada o la experiencia de vida que deseamos. La continua revisión frente al resultado buscado respondiendo a los sentimientos íntimos, y la práctica, la vivencia por ese resultado perseguido, es lo que va a conducirnos a que se haga realidad.

Más que una guía de aspectos específicos a revisar, lo que vamos a ver enseguida es un resumen de esos aspectos de un proceso de creación que se van revisando sobre la marcha, y de cómo se van agregando los componentes que vamos encontrando por nuestra revisión mental y por la vivencia día a día por esos aspectos. **Regresar a revisar los aspectos fundamentales es algo que tenemos que hacer continua, permanentemente.** Todo evoluciona, todo cambia, no hay nada absolutamente determinado para nadie para cada instante, excepto las *orientaciones primordiales*, las *actitudes mentales primordiales (de Dios)*, y el estado de *sentirse bien* primordialmente que es en sí mismo la referencia del proceso de creaciones para regresar a él... y mantenerlo.

En el proceso existencial, todo cambia, todo evoluciona hacia un estado final por el que se pasa por un instante de gloria, que es el objetivo de cada ciclo de recreación de sí mismo del proceso existencial... sólo para volver a comenzar el mismo proceso una y otra vez, eternamente. La clave está en entender el proceso existencial para disfrutar una y otra vez de él, para sentirse bien permanentemente, en vez de paralizarse en un paso temporal de él.

Quienes no están dispuestos a revisar su versión de la Verdad, no han entendido la Verdad.

La única verdad absoluta es eternidad; y la única orientación absoluta, inmutable para orientar el desarrollo racional y tener una vida en armonía con el proceso existencial, es el amor (primordial). Si algo realmente define a Dios es el amor. Por eso es que creer en Dios no es suficiente.

Si no estamos de acuerdo con algo que se nos sugiere tener en cuenta, entonces debemos darnos a nosotros mismos las razones por las que no estamos de acuerdo, y asumir el trabajo de sustentarlo fuera de toda duda... ¡para uno mismo!, y no para nadie más. Debemos respondernos incuestionablemente a nuestros sentimientos primordiales. ¿Cómo podríamos alcanzar nuestro estado primordial de sentirnos bien si nos ignoramos a nosotros mismos? Buscar lo que nos hace sentir bien permanentemente es buscar a nuestra FUENTE en nosotros mismos. Finalmente, nunca nos conducirá a sentirnos bien permanentemente algo que aceptamos como una obligación. Dios no obliga[Ref.(A).2, Libro 2].

Ahora sí, a la guía.

1. Queremos resolver nuestra inquietud fundamental, la que sea: *cambiar nuestra realidad de vida; realizar, experimentar nuestra mejor versión de sí mismo; etcétera.* Ver DEDICACIÓN, al inicio del libro.
   Debemos definir lo mejor que podamos, y lo más profunda-

mente que sintamos, cuál es nuestra inquietud fundamental.

En realidad sólo tenemos una inquietud fundamental: *sentirnos bien.*

Si no nos sentimos bien, ¿por qué?

Si no definimos lo que deseamos y por qué no nos sentimos bien, no podremos luego separar los *sentimientos* (orientaciones) de las *emociones* (efectos), y eso interferirá en nuestro proceso racional que debe llevar a cabo, precisamente, el arreglo de identidad (*que es algoritmo de proceso*) que no se siente bien. Revisitar la sección Ser Humano y Figura III. Los *sentimientos* provienen de Dios. Las *emociones* son las experiencias de aspectos de Dios por el ser humano. Referencias (B). (I).2 y B.(II).4, vols. 1 y 2, Apéndice.

2. Aceptamos las circunstancias de vida.

Aceptamos lo que ha ocurrido y que no puede ser cambiado.

Podemos cambiar los efectos de las ocurrencias en nuestra identidad temporal cultural, aceptando las circunstancias de vida como retos a nuestra capacidad de creación, y trabajar con nuestras actitudes mentales frente a ellas.

Las experiencias que tenemos frente a los acontecimientos de vida están íntimamente ligadas a nuestra actitud mental.

Aceptar es una de las cinco *actitudes primordiales* que definen a Dios, al proceso existencial consciente de sí mismo. Ver sección Actitudes Primordiales, más adelante.

3. Debemos hacernos libres. Libres del temor.

Temor nos mantiene en la ignorancia (falta de consciencia).

Temor e ignorancia se realimentan en el proceso SER HUMANO. Referencias B.(I).2 y B.(II).4, vol. 1, Apéndice.

Necesitamos hacernos libres de las referencias temporales y de las limitaciones y condicionamientos del mundo, para reconocernos adecuadamente frente al proceso ORIGEN del que provenimos y somos partes inseparables.

Debemos hacernos libres del mundo para experimentarnos lo que sentimos íntima, profundamente, si esto es lo que deseamos, y no ser el resultado de las ideas de otros.

Todo lo que deseamos es naturalmente bueno si no afecta a los bienes y derechos naturales de los demás.

Debemos hacernos libres del temor a ser rechazados por el mundo, por el mismo mundo que pregonando libertad, sin embargo, rechaza a quienes buscan hacerse libres de él. Y esto ocurre, simplemente, porque el mundo se ha desarrollado, precisamente, por temor.

4. Debemos creer en uno mismo para todo lo que nos haga falta enfrentar.

5. Nos reconocemos a nosotros mismos frente al mundo y al proceso ORIGEN del que provenimos.

Tenemos que reconocernos Quienes somos, o quienes deseamos ser.

Tenemos que reconocernos como partes inseparables de una fuente: Dios, el universo, la que sea.

Del reconocimiento y establecimiento de nuestra relación interactiva consciente con nuestro ORIGEN o fuente depende que alcancemos nuestra felicidad (temporal) o el estado primordial de sentirnos bien permanentemente.

Somos individualizaciones del proceso existencial consciente de sí mismo, Dios.

Tenemos una conexión energética real, inseparable, con el dominio primordial, espiritual, que es experimentable conscientemente por todos y cada uno de los seres humanos.

6. Cultivamos el *niño* que nunca dejamos de ser frente al proceso existencial, sin dejar de actuar como creadores que somos.

Tenemos que dirigirnos al proceso existencial consciente de sí mismo, Dios, como lo que es, la fuente de nuestra manifestación. Somos una individualización de la FUENTE, proceso O-RIGEN, Dios, y estamos inmersos en Ella; somos partes inseparables de Ella.

Preguntemos por todo cuanto necesitamos para asumir el control de nuestra vida, a Dios, Madre/Padre que nos orienta; al Espíritu que nos hace Quiénes Somos; al Amigo con Quién compartimos nuestros más íntimos pensamientos y deseos; y al Compañero con Quién emprendemos la aventura de experimentarnos sin cesar, eternamente, y con Quién nos haremos co-creadores de la solución o experiencia que deseamos.

Buscar asumir el control del proceso existencial es la actitud natural del creador; y la fuente, el proceso del que proviene el ser humano, el creador en desarrollo, responderá.

7. Revisitamos el hacernos seres libres.

Ser libres es liberarnos de nuestra dependencia del mundo y del dominio temporal material, sin abandonarlo y sin dejar de disfrutarlo.

Hacerse libre del mundo sin dejar de funcionar en él es, quizás, el mayor reto a enfrentar.

Una vez más, hacerse libre del mundo es definirse por sí mismo, por lo que siente íntima, profundamente, y vivir por ello.

Ser libres es regresar a la relación primordial con la fuente, con el proceso ORIGEN, con Dios o como queramos llamarle. No tiene importancia el nombre sino la relación.

Ser libres es regresar a la relación primordial que en teología se reconoce como relación *Madre/Padre (Proceso ORIGEN) e Hijo (proceso SER HUMANO)*; a la relación entre un nivel o dimensión de Consciencia Universal y otro sobre el que la Consciencia se recrea a Sí Misma. Dios es la dimensión del proceso existencial hacia la que evolucionamos.

8. Revisitamos el no temer.

No temer es la experiencia de ser libre de la dependencia

de lo que genera temor.

No temer a la muerte es la experiencia de ser libres de ella.

El temor genera una distorsión en la estructura de identidad del ser humano.

El temor se realimenta con la ignorancia (la falta de consciencia, de entendimiento).

Una vez que somos conscientes de nuestra eternidad dejamos de temer a la muerte que no existe como la concebimos ahora, y comenzaremos a percibirla como un paso, un cambio a otra manifestación de vida que siempre, siempre tiene un componente material, aunque esté en otro dominio que no alcanzamos con nuestros sentidos limitados a un sub-espectro del espectro existencial.

9. Revisitamos el estado primordial de sentirse bien.

Sentirse bien es el estado natural del proceso SER HUMANO que indica su armonía con el proceso ORIGEN.

10.   Armonía es la característica de la relación natural entre la FUENTE y su recreación de sí misma; entre el proceso ORIGEN y su individualización a *imagen y semejanza*, el proceso SER HUMANO.

Armonía es la característica de interacciones que definen y sustentan la consciencia de sí misma de la estructura de interacciones; la Consciencia de Sí Misma de la Fuente, de Dios, de la Unidad Existencial.

Regocijo (el sentirse bien) es indicador de estar el proceso SER HUMANO en armonía con el proceso existencial, con el proceso ORIGEN, Dios.

Amor es la actitud de quién siente que todos somos Uno con la Fuente; es extender a todos lo que le hace sentir bien al proceso consciente de sí mismo.

Amor es el producto, el resultado inevitable del sub-proceso que está en armonía con su fuente.

Verdad es la referencia por la que el proceso consciente de sí mismo se desarrolla para sentirse bien. Es Dios; es el aspecto de Dios en nosotros, en el alma.

11. Necesitamos aceptar que si no nos sentimos bien es porque estamos en desarmonía con el proceso al que reconocemos como nuestra fuente, como ORIGEN, el que nos provee la consciencia de sentirnos bien o no.

Si no reconocemos o aceptamos nuestro error (propio o heredado), o la desarmonía, no podemos rectificar.

La desarmonía de nuestra propia trinidad genera las experiencias de infelicidad y sufrimiento. Necesitamos reconocer y terminar con las incoherencias entre nuestras dos identidades: la *primordial* (es el alma, de la que es parte el estado de sentirse bien primordial y que nos orienta en armonía con el proceso ORIGEN), y la temporal, *cultural*, cultivada por inducción desde la consciencia colectiva de la especie.

12. Revisitamos el creer en sí mismo.

Somos creadores.

Necesitamos crear para sentirnos bien, y nos sentimos bien creando.

Sentirse bien es indicación de estar en armonía con la fuente de la que provenimos, de Dios o del proceso existencial, o con aquella entidad con la que decidimos formar una unidad de creación de experiencia de vida.

Para crear debemos ser libres de la dependencia de lo que nos limite para crear; libres del temor.

13. Revisitamos nuestro reconocimiento de nuestra fuente, del proceso ORIGEN del que provenimos y somos partes inseparables; del que provenimos por Creación o por evolución, no importa ahora.

Del proceso ORIGEN provienen nuestros atributos primordiales.

No desarrollamos nuestra capacidad racional y la consciencia sólo por nosotros mismos, jamás; por las interacciones entre nosotros desarrollamos la habilidad de uso de la capacidad racional y el ejercicio del poder de creación; y por las interacciones con Dios crecemos en consciencia del proceso existencial del que somos unidades de interacción.

No creamos inteligencia ni capacidad racional ni consciencia. Accedemos a la <u>inteligencia del proceso existencial</u> y desarrollamos la capacidad racional inherente al ser humano; y accedemos a la estructura de consciencia del proceso existencial, de Dios, dependiendo de la relación que establezcamos y cultivemos con la fuente o proceso ORIGEN.

Hasta que no retornemos a la relación natural con el proceso ORIGEN no resolveremos nuestras inquietudes fundamentales permanentemente, frente a cualquier y toda circunstancia temporal.

Podremos hacer uso de las fuerzas del universo para hacer realidad nuestra creación, pero no podremos alcanzar el propósito fundamental buscado: <u>el estado de sentirnos bien (al que erróneamente llamamos felicidad) permanentemente, en cualquier y toda circunstancia de vida</u>.

El proceso SER HUMANO es una recreación *a imagen y semejanza* del proceso ORIGEN; es una recreación a otra escala energética. El proceso SER HUMANO tiene poder de creación sobre el sub-espectro material, temporal, del proceso existencial en el que se halla manifestado; y expande este poder al otro dominio primordial, espiritual, por su relación con el proceso ORIGEN.

¡ATENCIÓN!

El nivel de recreación de la Unidad Existencial es el nivel de creación para sus individualizaciones de sí misma.

14. En la estructura energética trinitaria *alma-mente-cuerpo* que establece y sustenta el proceso SER HUMANO tenemos toda la información del proceso ORIGEN.

Entre esta información está la que nos indica las desviaciones desde el estado natural de sentirse bien. El estado de sentirnos bien nos indica la armonía con nuestro proceso ORIGEN a través de la pulsación de nuestra estructura molecular de vida, estructura ADN [Ref.(B).(I).3].

15. Si queremos entender el funcionamiento del mundo, del universo, o de Dios, necesitamos familiarizarnos con la estructura energética trinitaria que les establece y sustenta [Refs.(A).1 y (B).(I).3].

16. Si queremos entender el proceso SER HUMANO y las interacciones entre sus componentes *alma-mente-cuerpo*, tenemos que ir a la estructura primordial de la que somos una recreación *a imagen y semejanza* [Refs.(B).(I).2 y 3].

17. **Si deseamos entender, entonces necesitamos dedicar tiempo a entender.**

18. **Inicialmente, para regresar a, y mantener la armonía con Dios, con el proceso existencial, no es necesario conocer nada de las estructuras energéticas del proceso existencial.**

19. Comencemos a hacer realidad el cambio que deseamos en el mundo comenzando por vivir en nosotros el cambio que deseamos en el mundo; a crear, generar las experiencias de vida que deseamos, aún frente a aquellas circunstancias que son resultado de las acciones de otros.

20. Cultivemos el estado de sentirse bien, de felicidad, cambiando nuestras actitudes frente a los eventos de la vida.
    Soy feliz, prodigo felicidad.
    Soy libre, promuevo la libertad.
    Soy consciente, estimulo las orientaciones de conscientización.

Hagámonos libres de la dependencia del mundo sin interferir con el mundo, y dando gracias al mundo por darnos la oportunidad de experimentar la mejor versión de nosotros mismos a la que alcancemos a crear, imaginar.

21.   Renunciar a seguir o hacer lo que nos impide sentirnos bien.

22.   Podemos "usar", beneficiarnos del universo, sin creer en Dios, sin creer en una versión cultural del proceso ORIGEN, pero si creemos en el universo éste responderá. Los procesos ORIGEN, UNIVERSO y SER HUMANO son análogos en diferentes escalas.

23.   Creer no es suficiente.

24.   Creer y ejecutar, llevar a cabo lo que se cree, genera una fuerza primordial.

25.   Amar genera una pulsación primordial en armonía con la de la Forma de Vida Primordial, Dios. Esta armonía nos permite extender el alcance de nuestro recurso mental en el proceso de creación [Ref.(A).2, Libros 1, 2 y 3].

26.   Todo lo que se haga en armonía con la fuente genera una fuerza hacia ella. Esta fuerza es absolutamente real; es una fuerza análoga a las que experimentamos en el dominio material temporal.

27.   Pensar nos trae estructuras de información.
Hay estructuras de pensamientos que están en el universo, por lo que éste responde a lo que se piensa (en virtud de la fuerza de atracción que se genera entre estructuras compatibles. Los pensamientos son constelaciones de información en otra dimensión energética de arreglo de partículas). Por eso somos creadores "inconscientes" inicialmente, y luego cons-

cientes, al saber y entender la estructura del universo.

No necesitamos saber los detalles energéticos de las interacciones entre constelaciones de pensamientos.

Necesitamos cambiar nuestros pensamientos. Necesitamos pensar positivamente. Debemos desechar los pensamientos negativos que atraen estructuras de identidades temporales indeseadas que están en el manto universal, a las que llamamos *malos espíritus* (estos espíritus son intermodulaciones de la estructura de pulsaciones del manto de energía universal que desarrollan identidades propias temporales [Ref.(B).(I).3]).

28.   Reconocer o visualizar la mejor visión de sí mismo y hacerla realidad cambiando nuestra forma de pensar, de desarrollar nuestra realidad.

29.   Revisitamos armonía una vez más.

No necesitamos saber energéticamente la estructura de la fuente para estar en armonía con la fuente, con Dios, con el proceso ORIGEN. Solo necesitamos seguir sus orientaciones primordiales, y para ello debemos creer en ellas y seguirlas, "obedecerlas" por convicción (no son nunca impuestas por Dios).

Dios no impone, sino que orienta, sugiere.

Dios es amor (primordial).

Libertad es expresión del amor (primordial).

A Dios se llega racionalmente por consciencia, no por obligación, y se vive en armonía con Él por amor (primordial).

30.   **Si queremos conocer y entender a la fuente, a Dios, al proceso ORIGEN, debemos interactuar íntima, personalmente con Él, <u>no a través de intermediarios ni siguiendo ritos culturales</u>. No hay hijos ni representantes preferidos de Dios. Todos somos Sus hijos y representantes de Dios igualmente preferidos, amados por Dios.**

31.   La fuente, el proceso ORIGEN, Dios, responde a la inten-

ción primordial, a cualquiera de las tres orientaciones sobre las que se desarrolla el proceso SER HUMANO: *amor primordial, regocijo, Verdad (eternidad)*.

Estas orientaciones son estados de pulsación, de vibración de proceso SER HUMANO, con el por el que se generan las fuerzas de atracción universal en armonía con las de la FUENTE, Dios.

32. **Si creyendo en Dios se deja de hacer lo que ahora nos impide reconocer las respuestas de Dios, entonces ya no necesitaremos hacer más nada para comenzar a cambiar nuestra realidad. El cambio será inevitable, naturalmente** [Ref.(C).1]. Ver la sección Dios, ¿por qué no me respondes?

33. Cultivar la comunicación consciente con Dios, proceso existencial consciente de sí mismo, viviendo por las *Actitudes Primordiales* que definen a Dios. Éstas son: *Amor, Regocijo, Aceptación, Agradecimiento y Bendición*. (Regresaremos a ellas más adelante).

Invocar la comunicación con Dios y aprender a reconocer sus respuestas SÍ/NO en nuestra trinidad.

Contemplar las manifestaciones del proceso existencial, la naturaleza, poniendo todo pensamiento fuera de nuestra mente; esto, para desarrollar la "sintonía" entre ambos, Dios y cada uno de nosotros, que los pensamientos "locales" no nos permiten establecer por el efecto "filtro" [Ref.(B).(I).2].

Cada interacción Dios y ser humano tiene una característica propia que debe reconocerse por el ser humano que es el que posee un efecto "filtro" en su estructura de resonancia de su trinidad *alma-mente-cuerpo*, sobre su arreglo de identidad cultural, a causa de la inducción desde la consciencia colectiva; efecto "filtro" al que se debe remover.

XVIII

¿Cómo reconozco la mejor versión de mí mismo a la que puedo hacer realidad?

"Deja todo y sígueme"
Jesús de Nazaret

Deja todo lo que te impide reconocerla y sígueme.
Luego, yo te mostraré las orientaciones por las que tú vas a encontrar y desarrollar tu camino para hacerla realidad conforme a tu individualidad en el proceso existencial.

Dios,

¿Por qué no me respondes?

XIX

Dios y el Ser Humano

Somos realmente compañeros inseparables en el Juego de la Vida

No hay Dios sin especie humana, ni especie humana sin Dios.

Dios y la especie humana universal, no solo la de la Tierra, somos inseparables.

Dios y la especie humana universal, o mejor dicho, Dios y todas las especies de vida, son los dos componentes de la Unidad Binaria de la Estructura de Interacciones que sustenta la Consciencia Universal del proceso existencial. Por lo tanto, podemos no ser conscientes de ello, pero Dios y nosotros, la especie humana, somos compañeros en el Juego de la Vida. Dios se recrea a Sí Mismo a través del ser humano, y el ser humano experimenta en sí mismo los aspectos de Dios.

La Fuente [Todo Lo Que Es, Todo Lo Que Existe, la Unidad Existencial (cuya Identidad Consciente de Sí Misma es Dios)], el universo, y el ser humano, son procesos absolutamente análogos en diferentes escalas. La Unidad Existencial sustenta el proceso absoluto, el proceso ORIGEN del que nuestro universo y el ser humano son imágenes a otras escalas.

¿Es ésta realmente la verdad sobre Dios y su relación con el ser humano?

Muchos seres con extraordinarios desarrollos mentales piensan que Dios es tan solo una creación del ser humano, y se apoyan en la extraordinaria capacidad racional y el poder de creación inherentes a nuestra especie.

¿Es realmente Dios tan solo una ilusión, una creación mental?

Si no lo es, ¿hay alguna manera de alcanzar por sí mismo, y sin lugar a dudas, la verdad sobre Dios y su relación con el ser humano?

Sí. Hay una manera de alcanzar la verdad, pero requiere de valor para hacerse libre del mundo, del modelo de asociación de la especie humana en la Tierra; absolutamente libre pero sin interferir con el mundo, y disfrutando de todo lo que ofrece el planeta y el mundo ¡a pesar de todo cuanto nos causa que no deseamos!

Si hay esa manera, entonces ¿por qué no hemos alcanzado la verdad?

Precisamente, por nuestra dependencia del mundo, de sus interpretaciones, limitaciones y, o distorsiones de la verdad, ¡a pesar de su extraordinario desarrollo racional y poder de creación inherentes a la especie! No vamos a alcanzar la verdad por medio de un desarrollo racional que toma como referencia a las manifestaciones temporales en lugar de lo que siente en el corazón, en la esencia del ser humano.

Alcanzar la verdad por el corazón, no por la razón, no significa negar el proceso racional para llegar a Dios, sino y precisamente llegar a Dios, a la Verdad, a través del proceso racional... ¡subordinado al corazón!, a la esencia del ser humano y de Todo Lo Que Es, Todo Lo Que Existe.

La esencia del ser humano y de Todo Lo Que Es, Todo Lo Que Existe, la Verdad, es la *eternidad*.

Finalmente hemos llegado energéticamente a la Unidad Existencial, a Dios [Ref.(A).1].

Somos partes inseparables de un proceso eterno, aunque estamos en manifestaciones temporales. Todas las relaciones causa y efecto de la fenomenología energética que hemos desarrollado en nuestro entorno del proceso existencial, de nuestro universo, se basan en la eternidad. Incluso hemos descripto matemáticamente a la eternidad y confirmado exhaustivamente la validez de la descripción en nuestro entorno del proceso existencial.

XX

¿Qué atributos reconocemos de Dios?

Amor, Regocijo y Verdad

Pues, a nuestra vivencia por Sus atributos, *Amor, Regocijo y Verdad,* es que responde Dios. O mejor dicho, la vivencia por esos atributos es lo que nos permite "sintonizarnos" con Dios y reconocer Sus respuestas que siempre nos envía por alguno o varios de Sus diferentes medios.

Ahora bien.

Si no hacemos, no solo lo que Dios mismo nos ha dicho, el Dios que citamos a menudo, ¡el Dios en el que decimos que creemos!, sino que tampoco hacemos lo que reconocemos que Le define a Él, ¿cómo vamos a esperar que Dios nos responda?

O, mejor dicho,

¿Cómo vamos a reconocer, mucho menos entender, cuando Dios nos está respondiendo constante, permanentemente, a pesar de que hayamos decidido desoírle, no seguir Sus respuestas ni Sus orientaciones?

¿Cómo es que nos "separamos" de Dios?

Pues, porque no nos desarrollamos por amor sino por temor; limitamos nuestra realidad por vivir en relación a la manifestación temporal en vez de nuestra naturaleza eterna. Dejamos de disfrutar el proceso existencial por la dependencia de la posesión material y la distorsión de la competencia.

XXI

¿Por qué no entendemos a Dios?

« No Me reconoces y no Me entiendes porque estás "sintonizado" en otro canal hijo Mío »

"Pedimos, pedimos, pedimos, pero no recibimos respuesta".

« Me pides amor y ya te fue dicho cómo alcanzarlo ».

« Me pides salud pero luego no haces lo que les he dicho a todos en numerosas oportunidades ».

« Me pides prosperidad y te he dado Mi poder de creación con potencial ilimitado ».

« Me pides que te muestre tu mejor versión de ti mismo, pero no renuncias a lo que te impide hacerla realidad (lo que, dicho sea de paso, no significa que renuncies a disfrutar) ».

No se trata de que Dios nos responda o no, sino de que reconozcamos Su Presencia y Sus respuestas, y las sigamos.
¿Por qué pedir a Dios lo que ya nos ha sido dado?
Dios nos lo ha dado todo.
Nos ha dado nuestra vida consciente de sí misma con capacidad racional con poder de creación con potencial ilimitado, *a imagen y semejanza* de Él, divinos, eternos, y nos ha dado un planeta para experimentarnos Quiénes somos y quiénes deseamos

ser temporalmente.

« Me gustaría escuchar un pueblo que Me agradezca (no porque Yo lo necesite sino porque quién Me agradece se abre las "Puertas del Cielo" a sí mismo ».
Dios a Juan, Abril 2002 [Ref.(A).2, Libros 1, 2 y 3].

Si pedimos a Dios por algo, que sea por ayudarnos a reconocerle y, o reconocer Sus respuestas. Pero debemos hacerlo con nuestra decisión previa de seguirle.

Dios responde a ser buscado.
Dios es la Consciencia Universal, consciencia del proceso existencial. Luego va a responder a todo lo que esté en armonía con Él, sin dejar de estimular a todos, <u>a todos</u>, permanente y continuamente; pero si el destinatario, el ser humano, decide no seguir la estimulación, Dios no va a forzarle, no va a violar su voluntad.

¿Por qué Dios responde a quién esté en armonía y no a todos, si Dios no discrimina, no juzga?
Dios nos responde a todos, sin excepción.
Lo malo que le ocurre a quienes experimentan el mal es una consecuencia de lo que hacen. Así, esa consecuencia <u>es una estimulación de Dios a que rectifiquen</u>, es una respuesta de Dios, pero es el ser humano el que no lo ve así. En cambio, si hace algo en armonía con Dios, el proceso existencial resuena, es decir, se amplifica el encuentro de la acción del ser humano, de su pensamiento o decisión, con la estructura de Dios, y por esa amplificación Dios se hace reconocible por el que está en armonía con Él. [Quienes entienden del manejo y control de señales electromagnéticas saben de este mecanismo que ocurre en otro sub-espectro del proceso existencial fuera de nuestro sub-espectro de los sentidos].

Dios responde al amor.

El universo, las fuerzas universales responden al amor.

¿Por qué?

Los campos de fuerzas amor primordial y gravedad universal tienen la misma naturaleza y el mismo origen energético [Ref.(A).1].

Amor es un estado de pulsación o de vibración primordial de la Fuente, de la Unidad Existencial, de Dios, del proceso ORIGEN, del proceso consciente de sí mismo que se establece y sustenta dentro de la Unidad Existencial; estado de pulsación que se transfiere por todo el universo y llega al proceso SER HUMANO, y éste toma un sub-espectro del primordial.

Este estado de pulsación genera la gravedad universal en el nivel absoluto de distribución de la sustancia primordial.

Esta distribución mantiene la configuración cerrada de la Unidad Existencial pulsando entre dos estados límites. La pulsación se transfiere a todo entorno o espacio remoto de la Unidad Existencial.

Hoy podemos introducirnos al origen y mecanismo de generación de estas fuerzas en el *Modelo Cosmológico Consolidado*. Referencia (A).1, Apéndice.

Más que responder a creer en Él,

Dios responde a lo que le define: *Amor, Eternidad, Regocijo*.

En realidad, la "respuesta" es que por nuestra armonía comenzamos a reconocer las estimulaciones e información de Dios que están siempre presentes en el manto energético universal, en la red espacio-tiempo del universo.

Recordar que creer no es suficiente.

El proceso existencial, el universo, responde a lo que se cree de él, a nuestra asociación con él, si actuamos conforme a lo que creemos.

Creer es establecer una asociación recíproca con el objeto en el que se cree.

Si creemos en Dios que es amor, pero no vivimos por el

amor, entonces no estamos estableciendo una relación de dos vías pues al no vivir por lo que creemos le cerramos las puertas a la respuesta de Dios.

Creer en el universo es establecer una asociación energética real en un sub-espectro de la mente universal con nuestra mente; y el universo va a responder a esa asociación si seguimos, si hacemos lo que creemos.

Si creemos en Dios, ¡nos asociamos con toda la Unidad Existential en la que el universo está inmerso!, y eso aumenta, amplifica lo que podemos hacer realidad en otro sub-espectro fuera del nuestro, material temporal, si hacemos lo que creemos que define a Dios: vivir por amor, en la eternidad, y para disfrutar, no para competir o poseer sino lo que es necesario.

Dios orienta el desarrollo de nuestra consciencia.

Nunca dejaremos de reconocer a Dios cuando nuestro interés es crecer en consciencia de Dios y lo "mostramos", lo hacemos realidad renunciando a la dependencia del mundo. Si queremos desarrollarnos por la orientación de Dios tenemos que dejar de desarrollarnos por la orientación del mundo, lo que no quiere decir que tengamos que renunciar al mundo, a disfrutar. Enfatizamos: no quiere decir dejar de disfrutar el mundo; no, no, y no.

Tener consciencia nos lleva a disfrutar más el proceso existencial, y libres de las experiencias de sufrimientos e infelicidades, aunque no libres de retos, de oportunidades para experimentar el poder de creación.

Por eso dijo Dios,

« Yo Soy un Dios "celoso"...

No puedes tener otro Dios antes de Mí... »,

queriendo decir que no se puede "servir", seguir, dedicarse a dos Dioses, a dos propósitos frente a la Verdad porque no los hay. Sólo hay un propósito en la eternidad, y todos los que queramos en nuestro dominio. Si buscamos a Dios, Él es nuestro propósito entonces, y Dios hay uno solo al que se subordinan todos los nuestros temporales. Esto quiere decir que <u>teniendo a Dios</u> <u>como propósito ya no necesitamos de otro para alcanzar y experi-</u> <u>mentar amor, salud y prosperidad.</u>

Luego, no es cuestión de si Dios responde o no, sino de decidir seguir a Dios, de vivir el Dios que reconocemos, y por los atributos de Dios en nosotros.

"¿Dónde estás Dios?"

« Estoy entro de ti ».

« No estoy en ningún lado en particular, y estoy en todo lo que es, en todo lo que existe, y en todas las formas de vida ».

« Si quieres "practicar", vivir el Dios que alcanzas, enton- ces hazlo con tus semejantes, todos, pues son parte del Dios que alcanzas. Extiende a tus semejantes el Dios que alcanzas para ti ».

« No has alcanzado la Verdad, la versión Absoluta de Dios, si no vives a Dios y Le extiendes a tus semejantes, todos, sin excepción, como lo deseas para ti ».

"Medito...
Hago caridad...
Voy a la iglesia de mi vecindario...
Hago lo que otros me dicen que es el camino hacia Ti...
Pero no alcanzo la paz que busco, no encuentro la mejor ver- sión de mí mismo".

« Porque no escuchas tus sentimientos y no miras dónde pones tu corazón ».

« Dónde pones tu corazón (tu interés de vida) está tu dios o Dios ».

El propósito al que se le "entrega" la vida es dios o Dios.

Aquello a lo que se subordina todo lo demás que hacemos en la vida es nuestro dios o Dios.

¿Por qué meditas? ¿Por qué haces caridad? ¿Por qué vas a la iglesia? ¿Te mueve conocer, entender a Dios, o que se te resuelvan los problemas a los que tú tienes que hacerles frente? ¿Haces caridad para "comprar" la atención de Dios o realmente por amor al necesitado? ¿Vas a la iglesia por temor? ¿Para "ver", o hablar con Dios? Dios está dentro de ti y en todo lo que es, todo lo que existe; y si deseas hablar con Él tienes oportunidad con todos y cada uno de tus hermanos, semejantes, que son hijos de Dios; todos, sí, todos, como lo eres tú también.

« *Dios primero* ».

No quiere decir que hay que obedecer a Dios ni dejar de hacer cosas para hacer algo para Dios antes que nada. No. Dios no demanda obediencia ^{Ref. (A).2, Libro 2}.

Lo que quiere decir es que todo lo que se haga debe tener como referencia a Dios; debe iniciarse a partir de los atributos que definen a Dios, *a partir de la Verdad, para disfrutar (Regocijo), a través del Amor.*

La hipocresía de nuestra sociedad, de sus seguidores y creyentes, no sólo de sus líderes.

La hipocresía es simplemente un comportamiento inducido por el temor.

"El mundo no puede estar equivocado", dicen muchos.

¿Oh, no? ¿Por qué sus problemas globales, entonces?

¿Vamos a continuar creyendo en un demonio que niega la perfección que reconocemos de Dios? Sí, existe el mal, pero es generado por el ser humano. El ser humano es creador. Con sus pensamientos y acciones en desarmonía con el proceso existencial genera distorsiones temporales que se permiten como parte

---

de las experiencias para el desarrollo de consciencia, de entendimiento. ¿Un ejemplo a mano del "demonio", de las distorsiones humanas? Veamos. ¿Qué esperamos que resulte de nuestra actitud predominante hacia el sexualismo humano, limitando, distorsionando la más grande experiencia de la pareja humana? Y todo sólo por nuestra inseguridad, prejuicios y temores, que nos hacen actuar totalmente en contra de nuestros sentimientos primordiales. ¿Cómo podría ser "malo", sucio, "animal", algo para lo que somos estimulados primordialmente? Malo son las distorsiones que generamos con nuestros pensamientos y acciones, pero no la naturaleza del sexualismo; y dicho sea de paso, **la unión y el orgasmo humano es análogo, energéticamente, a lo que ocurre en cierto momento en que la vida ha de transferirse de un universo a otro** [Ref.(A).1].

Todos creemos en el amor.
¿Realmente amamos?
¿Hemos entendido al *amor primordial*?

Quizás no, pero de alguna manera lo esperamos hacia nosotros: irrestricto; incondicional; que se nos acepte quiénes somos en esta manifestación de vida temporal.

Creemos en el amor, no importa que tan limitada o distorsionada pueda ser ahora nuestra versión cultural; no obstante, fallamos, nos traicionamos a nosotros mismos negando con nuestros actos al amor que reconocemos de hecho al esperarlo en nosotros. Negamos el amor que decimos seguir, o que clamamos que es por lo que nos regimos en nuestras relaciones con nuestros semejantes y las demás formas de vida, y con la naturaleza misma.

Reconocemos y describimos a Dios como amor irrestricto, incondicional, indiscriminado, sin embargo, vivimos discriminando, condicionando nuestro amor y nos enfrascamos en complejas argumentaciones racionales para justificar lo injustificable.

Amor (primordial) es extender a otros lo que nos hace sentir bien, seguros; y lo que nos hace sentir bien, seguros, co-

mienza por la libertad para realizarnos como lo deseamos, y no por un modelo diseñado por otros.

Hablamos de caridad, pero hacemos caridad con lo que nos sobra, o con lo que ya no nos sirve. Podemos engañar al mundo que se desarrolla de esta manera, pero no a Dios.

En la relación de la pareja varón-mujer distorsionamos la relación con nuestras versiones culturales de amor.

En la pareja formamos una unidad de experimentación de vida y de recreación de la *unidad de consciencia* (de naturaleza binaria, de dos componentes), además de servir de medio para la reproducción.

La relación de pareja como unidad de recreación de la *unidad de consciencia universal*, no sólo para reproducción, es análoga a la relación Dios y ser humano.

La relación de pareja es para experimentar lo mejor de sí mismo frente al otro mientras ambos se apoyan mutuamente para alcanzar la mejor versión de sí mismos.

El amor de pareja no es para demandar ni exigir uno del otro.

Todos deseamos la felicidad.

Si nos regimos por amor no podemos buscar felicidad a expensas de otros. Sin embargo, lo hacemos.

La felicidad de muy pocos en el mundo, en nuestro mundo en la Tierra, es a expensas del sufrimiento, la infelicidad, el sacrificio de una inmensa mayoría.

La felicidad comienza por la libertad.

Las leyes del mundo no pueden limitar o condicionar los derechos inalienables (entre ellos el de perseguir la realización de la versión de sí mismo, individual, <u>cualquiera que sea que no afecte al derecho natural de otro</u>) si se desea que haya una asociación de la especie en armonía con al propósito natural. Sin embargo, ocurren limitaciones y negaciones que si no las concebimos, las apoyamos, sólo porque no entendemos por qué ocurren ciertas cosas (como por ejemplo, homosexualismo). No entendemos, de acuerdo, pero no hacemos nada para entender y esperamos que otros lo hagan por nosotros. Y mientras tanto, nos oponemos o negamos lo que no entendemos; o mucho peor aún, sólo porque se nos ha enseñado que es "malo" o porque no nos gusta o no es parte de lo que nos define, tratamos de eliminarlo a pesar de que no nos afecta realmente.

Todos anhelamos, pedimos, esperamos por prosperidad.
Pero la prosperidad depende de los medios para crear una oportunidad de alcanzar lo que ha sido puesto para todos. En cambio, lo que es de todos es administrado por algunos pocos en sus beneficios, dejando obscenas posibilidades a los demás; y las dejan a esas obscenas posibilidades sólo porque advierten que si oprimen más se quedarán sin nada.

Si quieres la prosperidad del mundo, sigue al mundo.

Si quieres la prosperidad que te ofrece Dios, sigue a Dios.

Buscar dinero, hacer dinero, no es lo malo.
Lo malo es cómo hacemos dinero; y si decimos que buscamos a Dios, entonces nuestros mayores esfuerzos no deberían ser para amasar dinero. El dinero debe ser consecuencia de lo que hacemos, no el fin en sí mismo. No obstante, si deseamos dinero, Dios no se opone a nuestro deseo. Sólo debemos estar en claro con nosotros mismos para no confundirnos luego en nuestras relaciones con dios o con Dios.

Si deseas que se te concedan las oportunidades que necesitas, ¿por qué las niegas a otros?

Si te duele que te juzguen por lo que no pueden entender que ocurre dentro de ti, ¿por qué luego tú juzgas lo que no entiendes de otros?

XXII

¿Queremos entender a Dios?

Sólo hay una manera de entender a Dios: interactuando íntima, particular, individualmente con Él.

Si temes a Dios, obviamente Quién reconoces como Dios no es tu compañero en el Juego de la Vida. Tampoco puedes entenderle.

Si temes revisar lo que tú reconoces como Dios, no has alcanzado la libertad que necesitas para llegar a Él; el Dios al que temes no es sino una versión limitada de la Verdad.

¿Queremos aprender a establecer y cultivar una interacción íntima consciente con Dios?

Podemos hacerlo, todos, si estamos dispuestos a hacer lo que es necesario, para lo que ya nos ha sido dado todo para poder tomar la decisión y llevarla a cabo.

Todo lo que tenemos que hacer es reconocer íntimamente la Presencia de Dios y luego promover la interacción consciente con Él/Ella cultivando nuestro deseo, es decir, viviendo por las *actitudes primordiales*, que veremos algo más adelante, frente a todos los demás seres humanos quienes también son partes inseparables de Dios.

¿Es que hay mejor muestra de nuestra disposición de ir al encuentro consciente con Dios que viviendo sobre nuestros semejantes, todos, por las *actitudes primordiales* que definen a Dios?

Las *actitudes primordiales* nos han sido dadas desde siempre, pero no las seguimos; entonces, ¿cómo vamos a entender a Dios que se define, entre otras cosas a nuestro alcance, por esas actitudes?

¿Por qué no las seguimos?

Por temor al mundo, a su rechazo por lo que creemos y cultivamos; o porque el Dios que buscamos, o mejor dicho que esperamos o que ya hemos aceptado, es una versión que tiene que satisfacer nuestra pre-concepción o expectativa colectiva o individual; o porque pensamos que creer es suficiente (como se nos enseña); o mayormente porque no somos conscientes de nuestras incoherencias e inconsistencias a causa del modelo de asociación en el que estamos en la Tierra que ni nos enseña, ni nos da mucha libertad real para desarrollarnos individualmente sino siguiendo el modelo cultural y sus estructuras de referencias racionales y creencias.

XXIII

Para "provocar" una respuesta de Dios

Acto de FE

Provocamos la respuesta particular de Dios con un acto de FE.

Un acto de FE es la decisión clara, inespeculada, de la i-dentidad temporal cultural frente al reconocimiento de Dios o de uno de Sus atributos que hace nuestra alma, a Quién la identidad temporal acepta como guía de sí misma y por el que se va a desarrollar y actuar para experimentar la vida conforme a ese reconocimiento.

La identidad temporal hace el acto de FE frente a lo que reconoce el alma. La referencia (A).2, Libros 1, 2 y 3, Apéndice, cubre detalladamente la experiencia que permitió alcanzar el mecanismo de interacción consciente con Dios.

La decisión de interactuar con la Fuente es un acto de FE al que Dios responde, o mejor dicho, <u>nos pone en estado de vibración por el que podemos reconocer Sus respuestas</u>.

Reconocemos la respuesta de Dios, y reflexionamos o "interactuamos" con ella.

Con nuestra reflexión sobre la respuesta de Dios es que comenzamos la interacción con Él; y comenzamos a entender.

Dios irá realimentando esta interacción tanto como nosotros estemos dispuestos a mantenerla, cultivarla y extenderla por medio de la vivencia por las *actitudes primordiales* que son las actitudes de Dios.

XXIV

Orientaciones y
Actitudes Primordiales

La indicación de estar en armonía con Dios, en cualquier y todo instante, es *sentirse bien* integralmente, en alma, mente y cuerpo, sin temor y sin depender del mundo para ello, en toda y cualquier circunstancia de vida.

La orientación primordial para el establecimiento de las relaciones causa y efecto de la fenomenología energética universal es la *eternidad* [Ref.(A).1].

Eternidad es la Verdad. Somos eternos; somos partes inseparables de Dios, de la estructura de interacciones de la Consciencia Universal.

La orientación primordial de desarrollo en armonía con el con el proceso ORIGEN, con Dios, es *amor*. Ver sección Amor Primordial.

La *orientación primordial de amor* es una pulsación o vibración de la Unidad Existencial consciente de sí misma; es la expresión por la que se evidencia a sí misma como la Fuente frente a todas las manifestaciones y partes de la existencia, y por la que nos hace partes inseparables de Ella: *Somos Uno, eternamente.* (Amor es parte de la *fuerza de gravitación primordial* [Ref.(A).1]).

Lo que define a Dios es *Amor, Regocijo y Verdad.*
Amor es el algoritmo de control del proceso existencial, del

152

proceso racional universal; *Regocijo* es el propósito, y *Verdad* es la referencia. Todos en la dimensión existencial absoluta.

Lo que define a Dios, al proceso ORIGEN, también define al proceso SER HUMANO en otra escala energética, pues el ser humano es la *recreación a imagen y semejanza* de la fuente, de Dios.

Las *actitudes primordiales* son,
Amor, Regocijo, Aceptación, Agradecimiento y Bendición.

Las *actitudes primordiales* están relacionadas con las *emociones primordiales: amor, temor, envidia, pena y rabia*, que son estados de resonancia del arreglo de identidad del proceso SER HUMANO [Refs. (B).(II).4, vol.1 y (C).1].

Las *emociones primordiales* son aspectos de Dios que se experimentan en el ser humano. Sobre las emociones primordiales se "construyen" nuestras versiones culturales.

Las emociones son resonancias, exuberancias energéticas del arreglo de la trinidad humana, que se propagan en el manto energético universal y le indican a Dios si tienen lugar siguiendo los sentimientos primordiales o las versiones culturales [Ref.(B).(I).2].

Las *actitudes primordiales* son predisposiciones de respuesta del proceso racional frente a las ocurrencias de vida. Tienen que ver con <u>predisposiciones de la estructura de control de evolución del proceso existencial</u> (son las pre-decisiones, anticipaciones antes de que algo ocurra, acerca de cómo reaccionar cuando algo ocurra. En ciencias, en Teoría de Control, se conocen como realimentaciones PID (Proporcional-Integral-Derivativa).
Veamos.

- *Amor*: compartir lo que es de todos; extender a todos las acciones, condiciones y oportunidades que deseamos para nosotros mismos.

- *Regocijo*: disfrutar el proceso existencial y la consciencia de placer que estimulan la voluntad para suprimir el temor y e-jercer el poder de creación para terminar con las experiencias de infelicidad y sufrimiento.

- *Aceptar* lo ocurrido que no puede ser cambiado.
  Aceptar quienes somos.
  Aceptar que el mundo es como es.
  Si algo no nos gusta, <u>vivamos por el cambio que deseamos</u>, <u>tratando de influenciar sin imponer</u>, y siempre revisando lo que creemos que es lo mejor para uno mismo para alcanzar la mejor versión de sí mismo.

- *Agradecer* a Dios, al proceso ORIGEN, por extendernos incondicional, irrestrictamente el regalo de vida consciente y las herramientas para crear la experiencia de vida que deseamos.

- *Bendecir* toda oportunidad para experimentarnos Quienes somos, o quienes deseamos ser.

Para la Ciencia y Teología.

Como ya anticipamos, las *actitudes primordiales* tienen que ver con las realimentaciones del arreglo de control por medio de variables que en Teoría y Sistemas de Control de Procesos Energéticos Universales se llaman *variables en adelanto o retraso de fase* para prever perturbaciones o desviaciones en la función de control deseado; son las variables de realimentaciones de los Sistemas de Control PID (Proporcional-Integral-Derivativo). Mientras que en las aplicaciones de nuestros sistemas electrónicos queremos controlar, limitar y, o eliminar el espectro de señales indeseadas que pueden interferir en nuestros diseños, en nuestro arreglo de identidad del proceso SER HUMANO queremos tener un mayor espectro de señales reconocibles, para expandernos a otro nivel del proceso existencial, para ir a otra dimensión de realidad e-xistencial.

Amor es, a nivel energético absoluto, la <u>modulación del manto energético universal que establece y define la gravitación</u>, el gradiente de asociación de todo lo que existe, de todo lo que es y que se halla inmerso en el manto de sustancia primordial de la que todo se genera y re-crea; y es eso, amor, en la estructura de consciencia universal que tiene lugar en, y se sustenta por ese mismo manto de sustancia primordial ^{Ref.(A).1}.

Sólo hay dos fuerzas primordiales y sus versiones o modulaciones en los entornos temporales de la Unidad Existencial. Una fuerza es la fuerza de asociación, la otra es la fuerza de disociación, que son, respectivamente, las <u>fuerzas</u> del <u>amor</u> y del <u>temor</u> en la Consciencia Universal, en el arreglo de interacciones que es consciente de sí mismo.

Deseo.

Es una estimulación primordial sobre la que se "construyen" las versiones culturales.

Como todos los deseos primordiales, el deseo sexual es una estimulación de Dios, de la Forma de Vida Primordial, que llega a todas las formas de vida temporales. ¿Acaso hay que enseñarles a las formas de vida cómo acoplarse?

El deseo de saber, conocer, experimentar, son estimulaciones naturales desde el nivel primordial del creador (*Madre/Padre*); estimulaciones a su recreación de sí mismo (*Hijo*) en proceso de e-volución, de desarrollo; estimulaciones para la creación de experiencias de vida por las que la recreación en desarrollo (*Hijo*) disfruta el proceso existencial y desarrolla su consciencia, su entendimiento de él, del proceso (Dios).

Sentimientos.

Son orientaciones de Dios sobre las que se "construyen" nuestras versiones culturales.

Frente a las circunstancias de vida la identidad cultural del ser humano decide seguir sus <u>sentimientos primordiales</u> o sus <u>versiones culturales</u>. Por ejemplo, al ver a alguien herido en la calle tenemos la estimulación primordial de acudir en su ayuda; pero luego se impone la versión cultural desarrollada por temor, que nos inhibe a veces de actuar por temor a las consecuencias derivadas de leyes humanas, las que hacen responsable al que ayuda de lo que pueda ocurrir por ayudar o de lo que se crea que es una consecuencia negativa adicional por ayudar sin estar "calificado" para prestar ayuda.

Pensamientos.

Dios se comunica por pensamientos, permanentemente.

Los pensamientos son parte de la pulsación de la red espacio-tiempo del manto energético universal.

Espíritus errantes.

Son intermodulaciones, estructuras de interacciones en la red espacio-tiempo del manto energético universal que alcanzan su autonomía con reconocimiento de sí mismas a expensas de su asociación con entidades de la estructura de Consciencia Universal.

XXV

Amor Primordial

Amor es la orientación fundamental, primordial, desde el proceso ORIGEN, por la que nuestro desarrollo como seres humanos tiene lugar integralmente en armonía frente al proceso existencial. (Es la orientación a la que nos referimos inicialmente).

Ya lo hemos dicho antes.

Podemos decir que creemos en el Dios que queramos, pero es el amor lo que muestra realmente a Dios por el que vivimos, no solamente en el que creemos.

Si creemos realmente en el Dios del amor, amor es por lo que vamos a vivir pues <u>Dios es nuestra referencia</u>, nuestra guía de proceso, de vida.

Amor es la extensión, a todos, de lo que nos hace sentir bien. Si lo que nos hace sentir bien es Dios, extendemos a Dios; y el Dios que extendemos es la Verdad si lo extendemos como lo deseamos para nosotros, en libertad, sin condicionamientos, sin prejuicios. Si no somos correspondidos, entonces tomamos nuestro camino y dejamos que los otros tomen el suyo, sin interferirnos. Todos tenemos derecho a la experiencia de vida que deseamos, pero sin afectar el mismo derecho de los demás.

Sentirnos bien es el resultado, es la experiencia o la consecuencia natural de estar en armonía con la Fuente, de vivir siendo Uno con Dios, el proceso existencial, el proceso ORIGEN... ¡con el universo!, con todo lo que es, todo lo que existe... todo, ¡todo!

Estar en armonía con Dios nos hace parte consciente de la Fuente; nos hace fuente en nuestra dimensión existencial.

Luego, lo que extendemos es precisamente eso, lo que nos hace Fuente, que es la relación con Dios. Y sólo hay una forma de extendernos como la Fuente: viviendo con todos los demás por la relación con Dios que nos hace sentir bien, que nos deja experimentar Quiénes somos.

Ahora bien.

Creemos en el amor. Sí, totalmente. Pero creemos en nuestra versión cultural colectiva de la especie humana en la Tierra por la que amar es hacer feliz al objeto de nuestro amor; y además, en la práctica, en las aproximaciones culturales, de una u otra manera limitamos, condicionamos esta versión del amor. El objeto de nuestro *amor cultural* surge de una atracción natural que no requiere de nuestra consciencia (la atracción entre los diferentes sexos, por ejemplo), o de otros intereses. En cambio, amor (primordial) es la expresión de un estado de consciencia primordial. Amor primordial es extender a todos por igual lo que nos hace felices (entendiendo lo que nos hace sentir bien), no solo a alguien en particular.

Insistimos.

Sentirse bien es un estado natural dado por la Fuente; no es creado por el ser humano. Extender lo que nos hace sentir bien es extender la Fuente de la felicidad a todos los que son partes inseparables de la Fuente. Si la Fuente se define por todas sus partes, ¿cómo va a excluir a alguna parte de sí misma? La Fuente de todo es... ¡para todos!, y como ya dijimos, extender la Fuente sólo puede hacerse viviendo la Fuente en nosotros mismos... ¡sobre todos los demás!

En cambio, con la persona objeto de nuestra versión de *amor cultural* establecemos una relación particular por la deberíamos formar una pareja de recreación de vida (no necesariamente de reproducción biológica) para tener la experiencia de mostrar lo mejor de sí mismo en el otro, para que el otro alcance lo mejor de sí mismo; no esperar que nuestra felicidad sea posible por el otro, mucho menos a expensas de la felicidad del otro. Esto último no es amor sino una severa distorsión.

Amor es el sentimiento de Madre/Padre por el que la Fuente se revela a sí misma sobre todo lo que es fruto de sí misma.

Quién se reconoce como instrumento de la Fuente, o aún mejor, quién se hace parte de la Fuente de vida, no va a rechazar ni limitar ni condicionar a ninguna manifestación de vida que es parte de lo que hace y define a la Fuente.

XXVI

¿Cómo reconocemos las respuestas de Dios?

Reconocemos las respuestas de Dios por los sentimientos primordiales de seguridad, tranquilidad, paz, que genera, y particularmente por el de amor; porque nos hacen libres del temor, angustias, ansiedades, expectativas; porque nos calman inmediatamente y nos llevan al estado mental para poder descansar y comenzar a crear juntos la solución o alcanzar lo que necesitemos para sentirnos bien (que no es nunca a expensas de los derechos primordiales de otros).

La presencia de Dios a Quién hemos alcanzado se muestra por nuestro amor, que es en reciprocidad al de ÉL/Ella; y la respuesta de Dios frente a lo que deseamos, buscamos o necesitamos en el momento y para la circunstancia que sea, hace aflorar nuestra naturaleza creadora.

"Es la Voluntad de Dios",
dicen muchos cuando algo les aqueja o aqueja a otros, y se resignan sin hacer nada, esperando por la acción de Dios.
Pues, no es verdad.
La Voluntad de Dios es que todos alcancemos la mejor versión de nosotros mismos; y es que nos sintamos bien siempre, permanentemente, y experimentemos el amor primordial.
Nosotros debemos hacer algo para cambiar las circunstancias en las que nos encontramos y que no nos gustan, y cuando tomamos esta decisión y nos ponemos a trabajar en ello buscando una solución, Dios nos hará llegar la ayuda.

XXVII

¿Cómo sabemos que hemos alcanzado a Dios?

Ya lo hemos dicho. Habremos alcanzado a Dios cuando Le vivimos y extendemos a todos tal como lo deseamos para nosotros mismos.

Cuando alcanzamos lo que consideramos la fuente primordial, ésta es realmente la fuente Única cuando la extendemos a los demás tal como nosotros la deseamos para nosotros mismos, satisfaciendo aspectos de nuestra naturaleza que son comunes a todos: eternidad, amor, regocijo; y que nos haga libres de todo mal (de las experiencias de sufrimiento e infelicidad), que nos deje expresar nuestra voluntad y ejercer nuestra capacidad racional con poder de creación ilimitado para hacer realidad nuestros sueños o deseos. Y así como la deseamos, la vivimos y extendemos a los demás. Si queremos ejercer nuestra voluntad, debemos dejar que los demás ejerzan sus voluntades (que no limiten las de otros).

Si alcanzamos a Dios, nuestra Guía Absoluta, Le mostramos desarrollándonos, viviendo por esa guía.

Alcanzar a Dios es alcanzar la Fuente.

Luego, si alcanzamos a Dios seremos la fuente en nuestro entorno temporal, material.

Ser la fuente es ser fuente de consciencia, estimulando y orientando a los demás a hacerse libres. Extender la libertad es expresión de amor, es extender el regalo de Dios.

Forzar en otros nuestra versión de Dios es atentar contra

161

la libertad primordial de esos otros; es atentar contra la libertad de Dios, dada por Él; es negar a Dios. Igualmente si discriminamos, limitamos o condicionamos a otros por sus versiones de Dios.

¿Cómo sabemos que el Dios que alcanzamos es el Dios Absoluto y no otra versión más?

Porque el Dios Absoluto nos hace primordialmente libres; y como parte de Él, de la Fuente, Le extendemos con amor primordial, incondicional, irrestrictamente a todos, y siempre libres todos.

Si reconocemos un Dios o una fuente primordial que de alguna manera limite a otros, que no satisfaga en otros lo que buscamos para nosotros mismos, entonces ese Dios no es tal sino un dios a nuestra conveniencia, o resultado de una percepción limitada, condicionada o distorsionada.

XXVIII

Salud, amor y prosperidad

¿Qué hacemos por nosotros mismos frente a lo que le pedimos a Dios?

Todo nos ha sido dado para alcanzar, para hacer realidad en este mundo, la experiencia de vida que deseamos.

Para hacer realidad lo que deseamos, todo lo que tenemos que hacer es actuar, vivir en el mundo como es, por el proceso adecuado, con la referencia adecuada, con las actitudes primordiales.

Como proceso SER HUMANO que controla permanente, incesante, inconsciente y conscientemente su estado de sentirse bien, nuestra referencia absoluta es el proceso ORIGEN del que provenimos. Lo que rige al proceso ORIGEN, a Dios mismo, nos rige también a nosotros para alcanzar lo mismo que Él, pues somos partes inseparables de Él. La única y gran diferencia es desarrollo de consciencia, de entendimiento, y para eso nos orienta Dios todo el tiempo.

Como vimos, lo que define a Dios, que es lo que define al proceso ORIGEN, es,

Amor, Regocijo y Verdad,

que son el algoritmo de proceso (*Amor*), el propósito (*Regocijo*, sentirse bien), y la referencia (*Verdad*, eternidad).

Nuestro algoritmo de vivencia, de interacción con todo lo que existe, todo lo que es, particularmente las formas de vida y nuestros semejantes, es el amor.

Nuestra referencia es la Verdad, la eternidad "personificada" en Dios y presente en nuestra estructura energética trinitaria, en el arreglo de moléculas ADN cuya codificación compartimos con Dios.

Las actitudes primordiales (particularidades de Dios) nos indican cómo reaccionar frente a las circunstancias de vida.

Las orientaciones primordiales (manifestaciones de Dios) son las referencias para nuestro desarrollo racional.

Ahora bien.

¿Vivimos realmente por lo que define a Dios, "el Dios en el que decimos que creemos y a Quién le seguimos"?

Y si no creemos en Dios, o en el proceso ORIGEN, o en uno de sus atributos *Amor, Regocijo, Verdad,*

¿Qué o Quién es nuestra referencia?

Sin referencia primordial,

¿Qué esperamos que sea de nuestra vida, permanentemente, en cualquier y toda circunstancia de vida?

Sabemos lo que hay que hacer, pero no lo hacemos.

« Al hombre le concedo dominio sobre la Tierra y todos los animales... ».

Dios nos ha dado, transferido capacidad racional para hacernos conscientes de todo, y poder de creación para hacer realidad la experiencia de vida que deseamos.

No obstante, dejamos de hacerlo y luego le reclamamos a Dios cuando no alcanzamos lo que depende de nosotros, y sólo de nosotros.

Leemos, creemos en otros, pero luego no sólo no hacemos lo que ya se nos ha dicho por la Fuente en la que decimos que creemos, sino que no hacemos lo que ya sabemos por experiencia, es decir ¡negamos la prueba que luego buscamos!

Tenemos señales, indicaciones naturales, pero no las seguimos, nos las "obedecemos". No hacemos lo que debemos hacer por nosotros, y sólo por nosotros.

Veamos algunos casos de salud, amor y prosperidad.

Salud.

Revisemos un caso simple.

Comemos algo que nos hace mal, que nos genera dolor o desarreglos estomacales o intestinales, y entonces vamos al médico.

De acuerdo.

Nos han enseñado a confiar en el médico, y es correcto que así sea, pues necesitamos recuperar nuestro estado de sentirnos bien biológicamente ya que de sentirnos bien biológicamente depende también que estemos en mejor estado mental. Pero siempre hay algo que solo nosotros debemos hacer y no el médico, tal como hacer seguimiento a lo que comemos y nos hace mal. Con este seguimiento podemos eliminar lo que nuestro cuerpo, nuestro arreglo biológico particular, no acepta. En cambio, nos gusta lo que comemos y entonces aceptamos que nos den algo para evitar algunos efectos posteriores, tal como acidez. Si algo que comemos nos genera acidez estomacal, entonces debemos dejar de comer lo que la genera. Pero no actuamos como debemos y se nos sugiere por el propio cuerpo, sino que tomamos el antiácido recetado, suprimimos la señal natural, y seguimos comiendo... hasta que más adelante, frente a una gastritis crónica, una úlcera, o un cáncer, nos preguntamos cómo es posible.

"Pero los demás lo comen y nos les hace nada", decimos o nos lo dicen, sean muchos o pocos, para sustentar la validez de actuar contra una naturaleza biológica particular, que en este caso es la nuestra.

No todos los individuos de la especie humana somos exactamente iguales funcional, biológicamente. No. Nuestra similitud es aparente. Hay, con respecto a las comidas, un espectro de cosas que son comunes pues están en armonía con el diseño natural, pero hay otros alimentos, y particularmente componentes no naturales usados en los alimentos, que son soportados por unos individuos y no por otros. No vamos a ocuparnos de estos detalles ahora ya que hay abundante literatura sobre ellos; aquí solo deseamos llamar la atención de que hay aspectos que conciernen a nuestra salud, y que siendo delicados no por ello se escapan de nuestro control directo por medios simples. Nuestro cuerpo tiene los recursos para indicarnos qué debemos hacer, para lo que no necesitamos nada especial sino atender sus indicaciones. Por otra parte, no solo la ciencia médica sino la población humana tienen cada vez más en cuenta la interacción entre cuerpo y mente para sentirnos bien; pero el estado de sentirse bien del proceso SER HUMANO se define por las interacciones en la trinidad *alma-mente-cuerpo,* y en estas interacciones debemos tener en cuenta la experiencia personal, íntima, individual de cada uno que no es la misma para todos los individuos de la especie.

Nuestro estado de sentirse bien integral depende de interacciones particulares dentro de nuestra estructura trinitaria a la que sólo llegamos nosotros, nadie más.

¿Quién es responsable por regresar a, y mantener este estado integral, primordial, de sentirse bien?

No es el médico; es obvio.

De acuerdo. Necesitamos ayuda cuando nos salimos de este estado, pero una vez de regreso a él es nuestra responsabilidad; y sólo nosotros, cada uno, individual, íntimamente, podemos saber lo que realmente sentimos en nuestro caso que es siempre único.

Muchos consumen fármacos para poder comer lo que de otro modo no podrían. Es absurdo.

Si sabiendo que está mal continuamos actuando mal, ¿podemos esperar luego que Dios resuelva lo que hemos decidido no hacer por nosotros mismos? Lo mismo ocurre en otros casos un poco más complejos, pero en los que tenemos la misma actitud.

Otro caso de salud.

Sabemos que no tenemos que consumir grasas animales.

Lo sabemos porque nuestro contenido de colesterol en la sangre nos lo indica inenarguiblemente, y por la abundante, incuestionable experiencia.

Pero nos dejamos convencer que eso no quiere decir que tengamos que dejar de consumir animales. Se usan argumentos torpes; dicen que a otros individuos no les hace mal; que no es la especie la que debe dejar de comer animales sino el que desarrolla colesterol porque es el que tiene un problema particular que no necesariamente es un problema de la especie. Tan acostumbrados estamos ya a nuestra ciencia, por un lado, que ve en los animales a la fuente fundamental de proteínas "fuertes" para el ser humano, y por otro lado, a nuestro comportamiento general para el cual no tenemos otra referencia sino nosotros mismos, que no podemos reconocer, por ejemplo, que una gran parte del comportamiento "animal remanente" como violencia, agresividad, intolerancia, impaciencia, se debe al consumo de grasas animales.

Y otro caso más.

Tenemos el problema del alcohol.

Sabemos que el alcohol es incompatible con la estructura celular humana, y se sigue consumiendo porque es normal en el mundo, en el modelo de asociación de nuestra especie humana en la Tierra.

¿Es acaso necesario hablar de los efectos bochornosos del consumo de alcohol por la especie humana en la Tierra?

Los cristianos dicen que Jesús no solo bebía vino sino que

transformó agua en vino, y por eso afirman que beber vino es permitido por Dios, que está en armonía con Dios.

No se puede cuestionar a Jesús, dicen una gran parte de los cristianos, pues es el Hijo de Dios, y es blasfemia decir que no lo es o cuestionar lo que hacía. "El Hijo de Dios sí es Perfecto" (pero ¿no el Padre?, ¡vaya!) y con esta creencia son ellos los que niegan a Dios y no se dan cuenta pues entonces Dios tiene en Jesús a un hijo preferido. Niegan a Dios, y su Perfección, pues siendo Dios amor incondicional, irrestricto e indiscriminado, no puede tener un hijo preferido. Niegan a Dios también porque Dios no puede condonar una acción contra la vida, el consumo de alcohol, aunque Dios permite que el ser humano lo haga como parte del proceso de su conscientización.

¿Cómo saber todo esto?
Interactuando con Dios, y no de ninguna otra manera.

Prosperidad.

Tenemos en el mundo abundante información y modelos por los que orientar nuestra creación particular de prosperidad conforme a los parámetros fijados por el mundo. Necesitamos lo mismo que necesitaron quienes lo lograron: creer en sí mismo; hacerse libres del temor y de las limitaciones inherentes a los prejuicios, propios y de otros; preparación, trabajo, determinación, consistencia, coherencia, y actitud mental. Si establecemos la relación adecuada con el mundo, éste va a respondernos.

¿Hay acaso algo aquí que no nos haya sido dicho o mostrado exhaustivamente?

Si buscamos hacernos primordialmente libres, dejar de temer, sentirnos bien en cualquier y toda circunstancia de vida, cambiar nuestra experiencia de vida, crear un propósito frente a una situación particular, y sobre todo entender, crecer en consciencia del proceso existencial, entonces vayamos a la fuente de consciencia, a la Consciencia Universal, y establezcamos nuestra relación íntima, interactiva, consciente con Ella.

Amor.

No podemos crear, hacer realidad o experimentar un amor por el que no vivimos.

Vivir en amor es amarse a sí mismo como fuente de amor; y conforme a la ley de atracción primordial, todo lo que vibre, pulse conforme a lo que define al amor, se unirá.

Nuestros problemas con las relaciones de "amor", particularmente entre parejas, son las distorsiones y expectativas culturales. Veamos sólo algunos aspectos a tener en cuenta.

- Amar es conceder libertad al ser amado, no limitación.
- No se puede obligar a nadie a amar. La obligación niega al amor.
- Las relaciones se establecen para cumplir un propósito de mutuo acuerdo que solo concierne a los integrantes de la pareja (a menos que la relación sea para actuar en contra de otros, o que uno de ellos se vea amenazado o abusado por el otro).
- Si la relación no cumple el propósito para el que se estableció, no tiene sentido continuarla.
- La relación es una oportunidad de expresar lo mejor de sí mismo de ambos integrantes, mutuamente y hacia los demás, y apoyarse para desarrollarse hacia la mejor versión de sí mismo de cada uno.
- No se puede exigir felicidad para uno a costa de la del otro.

Felicidad.

La felicidad es el fenómeno transitorio que indica el cierre del proceso entre lo que se *desea* (por el alma) y se logra por sí mismo; o entre lo que se *quiere, demanda o espera* (por la identidad cultural) y se logra (por sí mismo o por otro). Obviamente, la felicidada es una experiencia que depende de la actitud mental con respecto a lo que se desea, quiere, demanda, o espera, y de cómo se obtiene. De esa actitud depende cuál sea la experiencia final. *Desea* el alma; *quiere* (demanda) la identidad cultural.

Si cada uno fija su propósito de vida y crea el camino para hacerlo realidad,
¿Qué nos dice si estamos en el camino?
El sentirnos bien, libres de temores y preocupaciones, sin afectar a otros.

Si Dios no juzga,
¿Quién nos juzga?
Cada uno es su propio, único juez.
Cada uno sabe lo que desea y lo que hace conforme a su consciencia desarrollada.
Pero el mundo juzga...
El mundo juzga nuestras acciones con respecto a nuestras referencias, pero no puede juzgarnos frente al proceso ORIGEN que no nos juzga, y al que él, el mundo, no conoce.

"Todo está muy bien, pero aún así no puedo tomar una decisión. No me siento seguro. ¿Por qué?"
Porque tienes miedo.
Hazte libre del temor. Puedes hacerlo.

XXIX

¿Por qué no seguimos a Dios siendo que decimos que creemos en Él?

No seguimos a Dios por temor.

No hay otra razón.

Cuando decimos que es por falta de consciencia, esta falta de consciencia se debe al temor.

Llegamos a esta vida con un nivel elemental de consciencia, es verdad, pero no crecemos a partir de ese nivel, como se espera y está todo dispuesto, por temor; sólo por temor.

El temor va a dar lugar a muchas expresiones por las que no vamos a reconocer fácilmente el temor, que es la experiencia de nuestra dependencia del mundo.

Por depender del mundo entendemos el depender de lo que alcanzan nuestros sentidos materiales, y de lo que nuestra civilización induce, impone, pues se ha desarrollado fundamentalmente por ese mismo sub-espectro existencial dejando de lado lo que recibimos y experimentamos a través del espectro primordial, espiritual.

Por eso tenemos miedo a la muerte, porque no nos "vemos" siguiendo nuestra vida en otra manifestación. No tenemos realmente consciencia de la eternidad, de la continuidad eterna de la vida. Creemos que hay una interrupción traumática en el proceso existencial al irnos de aquí y solo tenemos una esperanza de que algo bueno haya en el "otro lado"; en parte este temor se alimenta por la experiencia de cómo dejamos esta manifestación de vida.

"Maestro, ¿Qué debo hacer para ser perfecto?, preguntó el joven rico a Jesús, y Jesús le respondió: 'Deja todo y sígueme' ".

Pero el joven rico se alejó. No entendió a Jesús.

Tuvo temor de dejar su dependencia del mundo. Tuvo temor de dejar su dependencia del poder aparente temporal dado por el dinero, cuando Jesús sólo le dijo que renunciara a lo que le impedía ser perfecto.

Creemos en Dios.

Creer es establecer una relación con lo que se cree.

Creer es la respuesta, una decisión de la identidad temporal siguiendo una estimulación primordial que se modula culturalmente y por los intereses individuales.

Quién cree "dentro nuestro" es un nivel de nuestra propia identidad temporal. Pero luego, otro nivel decide no seguir lo que cree por temor a "separarse" del mundo, a ser diferente en el mundo (la civilización de la especie humana en la Tierra) y sus referencias, creencias y caminos para alcanzar sus propósitos individuales y colectivos. No hay otra razón, aunque el temor se enmascarará de diversas maneras que generarán luego las distorsiones de la estructura de identidad y sus consecuencias, entre las más inmediatas, las enfermedades. El proceso racional se sustenta en el arreglo biológico. Si el *proceso racional cultural* es distorsionado con respecto al *natural* que está también en el arreglo biológico, en el arreglo de las moléculas ADN, el arreglo biológico generará re-arreglos en respuesta al proceso racional distorsionado que se sustenta en cierto nivel, en cierta parte del arreglo biológico.

Y tenemos el otro caso, en el que dejamos de creer o de seguir el Dios que nos han enseñado a creer, el que nos han inducido desde niños a aceptar, porque no está en armonía con nuestros sentimientos primordiales, siendo éstos una Presencia de Dios a través del alma.

En ambos casos se requiere que atendamos nuestro temor o nuestros sentimientos; en ambos casos se requiere que decidamos por seguir Quiénes somos; en ambos casos se nos está diciendo algo, orientando algo. Sólo nosotros podemos poner fin a la experiencia que nos afecta. No es tratando de conciliar lo que sentimos con lo que cree el mundo que vamos a resolver lo que nos inquieta sino conciliando dentro de nuestro arreglo de identidad, y eso no lo puede hacer nadie sino nosotros, con la guía de Dios.

Si no nos sentimos bien con una versión cultural de Dios, no es acudiendo a esa versión donde vamos a re-encontrarnos frente a Dios por el que clama nuestra alma.

¿Por qué les cuesta tanto hacer lo que deben quienes honestamente saben, o creen qué deben hacer?

- Por el efecto "filtro" en sus arreglos de identidad por sus intereses de vida Ref.(A).2, Libro 2;

- Porque no se dan cuenta dónde tienen realmente el corazón.
  « El metal. Sí, el metal, el dinero. Es como un blindaje que no los deja acercarse a Mí » Ref.(A).2, Libro 3;

- Por la educación del mundo, de la sociedad que nos enseña a menudo a desconocer y, o suprimir nuestros sentimientos por los que podemos reorientarnos frente a los eventos y las experiencias ante los mismos;

- Porque quieren recetas, fórmulas fáciles conforme a sus expectativas;

- Porque se desestimulan porque no obtienen de inmediato

los resultados que desean;

- Finalmente,
Porque les han "vendido" una versión limitada, distorsionada de Dios.
Dios es Orientador.
Dios no es un Solucionador de problemas.
**Lo que hace Dios es orientar el reconocimiento, <u>si es lo
que el individuo desea saber y hace lo que debe hacer</u>,
y repite, tantas veces como sea necesario y conforme a
la individualidad de cada uno, las orientaciones eternas
a seguir, válidas para todos, para crear la solución particular.**

¿Alguna sugerencia en el camino?

No vivir por las expectativas del mundo sino por lo que se desea
íntimamente por sí mismo.

No vivir por las expectativas sino por la experiencia de lo que
nos lleva a nuestra mejor versión de uno mismo, versión que va
creciendo a medida que se alcanza la deseada.

XXX

¿Podemos conocer a Dios?

¿Veremos a Dios?

Podemos conocer a Dios, tanto como deseemos, y podemos experimentarle en nosotros mismos tanto como Le vivamos y actuemos por ÉL en nuestras relaciones e interacciones con los demás seres humanos, todos, las manifestaciones de vida, y el ambiente energético que nos sustenta y permite nuestra experiencia de vida; pero no Le veremos con nuestros sentidos materiales sino mediante el desarrollo de nuestra consciencia. Dios es la Consciencia Universal. Dios es la consciencia del proceso ORIGEN, y nuestra consciencia es una partecita de ella a la que accedemos con nuestro desarrollo racional... si está en armonía con Dios, con el proceso ORIGEN.

¿Insistimos en querer ver a Dios?
Dios es Todo Lo Que Es, Todo Lo Que Existe.
Estamos dentro de Dios.
Somos partes inseparables de Dios.
« Estás en Mi Vientre » Ref.(A).2, Libros 1, 2 y 3.
Conoceremos a Dios a través de nosotros mismos; y entonces descansaremos. Habrá terminado un ciclo de recreación de un aspecto de Dios a través nuestro.

XXXI

El Mundo

Nuestra civilización, nuestro modelo de asociación de la especie humana en la Tierra, no se desarrolla en armonía con el proceso existencial[a].

¿Por qué el mundo es como es?

Por la "separación" de la especie humana del proceso existencial del que ella proviene, desde el instante en que emergió a su reconocimiento de sí misma y se hizo cargo del planeta.

"Separación" es solo una manera de decir *desarmonía*, o desviación en el desarrollo de la especie, como una unidad colectiva de proceso, con respecto a las orientaciones primordiales provenientes del proceso existencial que le originó y en el que siempre se halla inmersa, del que nunca se puede separar en realidad sino temporalmente.

Nuestro mundo es un "campo de juego" en el proceso existencial en el que tiene lugar la civilización, el modelo de asociación de la especie humana en la Tierra.

El mundo es como es por una razón divina ^{Refs.(A).2, Libro 3, (B).3 y (C).1}.

Divina significa que proviene de Dios, de la Unidad Existencial, la Fuente de la que el mundo, nuestra civilización, es *imagen y semejanza* como una sub-unidad colectiva; a *imagen y semejanza* como lo somos individualmente todos los seres humanos.

« *Estás en el "basurero" del universo.*
Tan feo como suena, hay esperanza ».
(Entendí basurero cuando en realidad se dijo entorno de "reciclaje", de re-energización y re-estimulación").
Dios a Juan, Abril de 2002 [Ref.(A).2, Libro 3].

La Tierra es una estación remota de concepción de vida (de demodulación o decodificación de información de vida universal) en la que tienen lugar las primeras generaciones del presente ciclo de recreación de Dios a través de la Especie Humana Universal que junto a Él conforma la *Unidad Binaria de Consciencia* del proceso existencial.

Si realmente queremos saber y entender, podemos saber y entender exactamente por qué es así el mundo [Ref.(C).1].

Si no deseamos saber, entonces tenemos que aceptar el mundo tal como es, hasta que en algún momento querramos saber, entender, y asumamos la tarea para entender.

Si ocurriera que alguien no desea saber, o no quiere ponerse a "trabajar" o informarse acerca de por qué el mundo es como es, por una parte, y no acepta la realidad, el mundo como es, por otra parte, resultaría una incoherencia en el proceso racional de esa persona a la que tiene que atender y resolver, porque, precisamente, la razón de por qué el mundo es como es, su vez, es la razón de nuestras experiencias repetitivas de infelicidades y sufrimientos.

Simplemente dicho,

El mundo es como es porque se compone de "niños" del proceso existencial, de Dios; de "niños" en desarrollo de sus consciencias, de sus reconocimientos de sí mismos con entendimiento de sí mismos y del proceso del que provienen,

en el que están inmersos, y del que son partes inseparables.

Lo que se requiere entender realmente del proceso de recreación de Dios es lo siguiente.

La desarmonía temporal es parte del proceso de conscientización cuando se deja que tenga lugar para que las recreaciones puedan experimentar no solo el proceso de conscientización sino el ejercicio del poder de creación y del disfrute de la consciencia de placer, lo que no podría ocurrir si no fuera permitiendo que ocurra primero lo que la niega.

Cuando entendemos lo anterior, cesa la lucha que nos impide hacer lo que realmente tenemos que hacer para salir, para liberarnos de la realidad aparente a la que nos lleva nuestra percepción actual del proceso existencial.

Aún sin entender, si aceptamos, si creemos en nosotros mismos, en nuestra capacidad y poder, y más aún si nos reconocemos ser parte del proceso, de Dios, podemos comenzar a cambiar nuestra actitud para liberarnos de las experiencias repetitivas de infelicidades y sufrimientos por las que viene pasando la especie humana. Cambiar las actitudes, nuestras actitudes, es la solución, y eso depende de nosotros, de nadie más. La definición de qué es un problema es una cuestión de actitud mental frente a un evento o circunstancia de vida; en todo caso, decidir resolver las consecuencias de un evento es la decisión correcta, no el rumiar sobre lo ocurrido, excepto si es para evitar la repetición.

Decidir cambiar de actitud frente a las circunstancias es ya una aceptación del mundo como es: *no vamos a cambiar el mundo, vamos a cambiar nosotros. Siempre podemos cambiarnos a nosotros mismos.*

Esta aceptación nos pondrá luego en el camino de entender por qué el mundo es como es.

Debemos prepararnos para el Juego de la Vida.

No podemos escaparnos del juego de la vida pues somos eternos, pero eso no quiere decir que estemos para sufrir; no. Sufrimos por ignorancia (por falta de consciencia, de entendimiento) y por temor; sin embargo, ambas raíces de nuestras experiencias de vida indeseadas tienen remedio.

No debemos temerle al mundo ni a su interpretación distorsionada del juego de la vida, sino prepararnos para experimentar lo mejor de nosotros mismos frente a las infinitas oportunidades que ofrece la universalidad propia del mundo.

Si el mundo fuera perfecto, conforme a nuestra concepción condicionada por la falta de consciencia, no tendríamos oportunidad de experimentarnos Quiénes Somos, o quiénes deseamos experimentarnos. Somos, por encima de todo, creadores por naturaleza; sí, eso, ¡somos creadores con potencial ilimitado!

Nos cuesta entender por nuestras experiencias presentes, pero todo es realmente perfecto tal como es.

Ahora bien.

A este mundo llegan nuevos seres, nuevas generaciones.

Su falta de consciencia les hace actuar como lo hacen, y sufren por sus decisiones, por sus opciones en ignorancia, y generan consecuencias por las que otros a su vez sufren y pasan por infelicidades; y quienes tienen más consciencia, más entendimiento, tratan de guiarles, a ambos.

¿Nos gustaría un mundo mejor?

Entonces vivamos en nosotros el cambio que deseamos, y estimulemos a los demás con nuestra vivencia.

"Vive el cambio que deseas".
Mahatma Gandhi.

Lo que ocurre en el mundo y con los seres humanos no es la voluntad de Dios.

No obstante, Dios permite que ocurra como parte del proceso de conscientización del ser humano, y para dejarle que experimente su poder de creación.

De modo que todo lo que nos ocurre y experimentamos es solo consecuencia de lo que nosotros hacemos, y por lo tanto, somos los únicos responsables por cambiarlo, para lo que tenemos todos los recursos y contamos, siempre, con la guía de Dios.

No se trata de que Dios nos responda, sino de que reconozcamos Su Presencia y la sigamos.

Si pedimos a Dios por algo, que sea por ayudarnos a reconocerle, pero debemos hacerlo con nuestra decisión previa de seguirle.

La Voluntad de Dios es hacer la voluntad del ser humano.

La Voluntad de Dios es traer a todas Sus recreaciones de Sí Misma a Su nivel, hacerles a todas partes conscientes inseparables de ÉL, y ser la Fuente Absoluta, eterna, incondicional, irrestricta, de todo lo que Sus re-creaciones de Sí Mismo desean.

Siendo Dios no discriminador ni juzgador dejará que unos jueguen al "malo" y otros al "bueno", orientando al "malo" a cambiar y al "bueno" a hacerse inmune a las acciones del "malo".

[a]
Sección tomada de *¡Yo Soy Feliz! Bioelectrónica de las Emociones.*
Ver Apéndice, referencia (B).II.4, vol. 2.

XXXII

Paz en el Mundo

¿Por qué no encontramos el camino al estado natural del ser humano, sentirse bien, y la paz entre sus pueblos, entre sus asociaciones de los individuos de la especie?

¿Se puede alcanzar un estado de asociación de la especie humana en la Tierra en el que sean posibles desarrollos integrales, individual y colectivo, en paz global y justicia social estables?

No.

¿Por qué?

Porque los modelos actuales prevalentes de desarrollos racional y material de nuestra asociación, nuestra civilización de la especie humana en la Tierra, que defienden, promueven e imponen los pueblos líderes que se erigen a sí mismos como avanzados, han sido concebidos en desarmonía con el proceso existencial del que provenimos.

No puede haber paz en una civilización desarrollada por materialismo y posesionismo como propósito de vida. El desarrollo presente tiene lugar como consecuencia de ignorar, desconocer el proceso existencial y su extraordinario propósito a través de la especie humana. La falta de consciencia, la ignorancia a pesar del desarrollo racional, estimula la distorsión de la competencia natural para desarrollar la mente hacia una competencia de unos por más bienes materiales, y de otros por sobrevivir.

Materialismo y posesionismo conduce a identidades de la especie humana, individual y colectiva, en desarmonía con el proceso existencial del que somos individualizaciones en un sub-espectro existencial trinitario; y la desarmonía conduce a los desarrollos del proceso racional por competencia, que resulta en discriminación intelectual, y ésta a su vez es la base de la injusticia de la asociación humana, de la civilización presente en la Tierra; y la injusticia estimula la violencia.

Educación para desarrollo de consciencia, no para competir, es el camino hacia el mundo que deseamos.

No obstante, a pesar del mundo como es, podemos alcanzar una vivencia libre de las experiencias de sufrimientos e infelicidades si nos hacemos libres por el regreso a la relación primordial con Dios, con el proceso ORIGEN. Y gracias al mundo, a la diversidad de situaciones que presenta, es que podemos, siempre, ejercer el poder de creación de potencial ilimitado inherente al ser humano. Creer en nosotros es creer en nuestro poder de creación que proviene de Dios, por lo que al creer en nosotros mismos ponemos también en "marcha" a Dios. Ya lo mencionamos.

XXXIII

« ... líderes que traicionan la fe y la esperanza de sus seguidores y de los creyentes »

Culpamos a los líderes porque éstos no responden a las necesidades y esperanzas de sus seguidores a quienes usan, defraudan y traicionan. Pero no nos olvidemos que los líderes salen del mismo pueblo al que luego representan o usan y se alzan a sí mismos gracias al temor y la ignorancia, la falta de consciencia de sus liderados.

Educación para hacernos libres de la dependencia de otros para experimentarnos Quiénes somos es el camino hacia el mundo que deseamos.

Propósitos de la asociación de la especie humana y sus líderes frente al proceso existencial [a].

La asociación de la especie humana y sus líderes tienen propósitos naturales frente al proceso existencial:

Estimular y sustentar las interacciones para desarrollo de consciencia que no puede tener lugar sino a través de ellas;

Administrar optimizando los recursos de todos y para todos, velando y garantizando que cada uno y todos los individuos de la asociación tengan las mismas oportunidades para desarrollarse y realizar sus propósitos sin interferir en el de los demás, sin violar el derecho natural de otro, sin violar la voluntad de otro que esté en armonía con estos propósitos naturales.

(a)
Extracto tomado y revisado de la sección,

Principios por los que deben regirse la asociación humana, la administración de los bienes y recursos de todos, y las interacciones sociales, para garantizar los derechos individuales y la libertad inherente a la existencia que permiten y estimulan las creaciones y realizaciones de las experiencias de vida deseadas en igualdad de oportunidades para todos,

del libro *¡Yo Soy Feliz! Bioelectrónica de las Emociones,* referencia (B).II.4, vol. 2, Apéndice.

XXXIV

Ahora, a Crear

Tenemos en nosotros mismos, o a nuestro alcance, todo lo que necesitamos para cambiar la experiencia de nuestra realidad de vida presente.

No vamos a cambiar lo que es y no puede ser cambiado, ni muchos menos lo que ya ocurrió.

Vamos a cambiar nuestra experiencia de la realidad temporal en la que nos encontramos.

La realización del cambio que deseamos depende no sólo de nuestra decisión sino también de la determinación con la que vamos a ejecutar nuestra decisión conforme a lo que sentimos profunda, íntimamente; con la determinación con la que expresamos y mostramos a Dios, al universo o a nuestra fuente, Quiénes nos reconocemos o quiénes queremos experimentar. Y tal vez, a lo largo del camino, comenzaremos a darnos cuenta que ya no importa el propósito inicial que perseguíamos y que tanto deseábamos, sino disfrutar el proceso existencial en armonía con la Fuente que se recrea a través nuestro, y disfrutar el paso a otra dimensión de realidad que nos exime de las experiencias de sufrimiento e infelicidades, más no de los retos que siempre necesita el creador eterno.

Y recordemos que Dios no resuelve nuestro problema sino que se hace co-creador, compañero de la experiencia de vida; nunca, jamás, estamos solos. Dios no se creó a Sí Mismo ni al ser humano, pues siendo eternos no hubo jamás un principio, ni tampoco habrá un final. Dios creó el camino para disfrutar eternamente el proceso existencial, y nos pone a nuestra disposición ese camino por el que Él mismo se conduce a través de Sus recreaciones de Sí Mismo. Ese camino indicado para todos es por Sus *orientacio-*

nes y actitudes primordiales, a partir del cuál crearemos nuestro camino particular. Seremos ayudados por Dios mismo Quién poco a poco se nos revela ¡dentro nuestro!, a partir de nuestras decisiones: de cultivar la interacción con Él mediante, precisamente, nuestra vivencia por las *actitudes primordiales,* ¡por Sus actitudes por las que Dios mismo se rige!, y de desarrollarnos por Sus *orientaciones primordiales*. Las referencias ofrecidas son un testimonio de esta interacción co-creadora con Dios.

Autor

Juan Carlos Martino es Ingeniero Electricista Electrónico gradua-
do en la Universidad Nacional de Córdoba, Argentina.

Inició su actividad profesional en Área Material Córdoba de la
Fuerza Aérea Argentina, en la Sección Electrónica de la Fábrica
Militar de Aviones, antes de buscar nuevas experiencias de vida,
primero en Venezuela, donde trabajó en la Refinería de Amuay de
Lagoven, Petróleos de Venezuela, y luego en Texas y Colorado,
en los Estados Unidos.

Juan y Norma, su esposa, viven actualmente en San Antonio,
Texas, luego de pasar casi once años en Longmont, Colorado,
donde Juan terminó de prepararse para participar al mundo la experiencia de su encuentro con Dios, con el Origen Absoluto, el
Proceso Existencial Consciente de Sí Mismo, que tuvo lugar en
Sugar Land, Texas, el 4 de Julio de 2001. Esta preparación tuvo
lugar en interacción íntima con Dios en sus exploraciones de los
glaciares de Colorado, en el Parque Nacional de las Montañas
Rocosas, luego de haberse movido a Colorado con este propósito
en Marzo de 2003.

Juan y Norma tienen tres hijos, Mariano, Omar y Carlos.

Desde muy pequeño Juan sintió atracción por la lectura primero, que le abría su imaginación, luego por la electrónica, que le
permitiría más adelante, por su interés particular por las aplicaciones elementales de circuitos resonantes, tener la experiencia que
necesitaría para trabajar con las orientaciones primordiales que
recibió de Dios, para finalmente entender el proceso existencial y
consolidar las leyes energéticas por el *Principio de Armonía* que
rige la evolución del proceso de recreación del universo a partir
del fenómeno temporal que la ciencia reconoce como Big Bang.

Esta consolidación coherente y consistente de las leyes energéticas en todos los entornos locales y temporales del universo es lo que nos permite tener el *Modelo Cosmológico Consolidado*, que describe la Unidad Existencial de la que nuestro universo es un entorno temporal que se recrea periódicamente por un proceso al alcance de todos. Este modelo consolida los dos dominios de la existencia, el dominio material que se alcanza con los sentidos del ser humano y la instrumentación que ha desarrollado, y el dominio espiritual o primordial en el que se halla inmerso el material y que se alcanza a través de la mente. Este *Modelo Cosmológico Consolidado* resuelve los dos retos racionales más grandes de la especie humana en la Tierra, científico uno, el *Origen y Evolución de Nuestro Universo*, y teológico el otro, la *Estructura Energética de la Trinidad Primordial* que la cristiandad reconoce como Padre, Hijo, y Espíritu Santo.

Si desea contactar a Juan Carlos Martino puede hacerlo por e-mail a la siguiente dirección,

jcmartino47@gmail.com

Apéndice

Otros Libros y Proyectos

La relación entre Dios y el ser humano, y la interacción íntima, particular, consciente, con Él

REFERENCIAS (A).

Disponibles en Amazon.com, Inc.

1.
Antes del Big Bang.
Quebrando las barreras de tiempo y espacio.
Entrando a la mente de Dios, del proceso existencial consciente de sí mismo.

2.
Libros de la Serie,
Hechos, La Manifestación de Dios Tal Como Sucedió.
    Libro 1, *¿Qué le Sucedió a Juan?*
    Libro 2, *El Regreso a la Armonía,*
    Libro 3, *El Proyecto de Dios y Juan.*

Estos libros cubren la extraordinaria experiencia de Juan por la que se le abrieron *"las Puertas del Cielo"* y a través de las cuales pasó a otra dimensión existencial, a otra dimensión de la Realidad Existencial. De allí nos trae Juan el mecanismo primordial que rige la interacción íntima consciente con Dios, con el proceso ORIGEN del que provenimos y somos partes inseparables, y las orientaciones e información que necesita el ser humano para alcanzar y entender las respuestas a las inquietudes fundamentales de la especie humana en la Tierra, tener la experiencia de vida que desea, y realizar la mejor versión de sí mismo que alcanza a visualizar.

El autor puede ser contactado a través de e-mail, jcmartino47@gmail.com

Próximamente se iniciará a través de las redes sociales una acción de interacción sobre estos libros y sus tópicos, y la participación del *Modelo Cosmológico Consolidado* al alcance de todos.
Los interesados también tendrán información de acciones, eventos y publicaciones en Youtube, https://www.youtube.com/channel/UCVoAjWGLbdDMw7s6 4bqOYjA
En este momento, en Youtube hay algunos videos sobre el calentamiento global en la Tierra que fueron publicados en la primera fase de participaciones, antes de la preparación de los libros.
También podrán acceder al website, www.juancarlosmartino.com
que será re-diseñado para apoyar todas las acciones referentes al *Proyecto de Dios y Juan*.
El rediseño de este website se espera ser llevado a cabo hacia el primer trimestre del año 2016. Si el rediseño no estuviese listo, al menos habrá una nueva primera página en español para canalizar la información referente al Proyecto y todas las publicaciones.

Se espera tener los libros del apartado B.(I) listos y a disposición de los lectores en el primer semestre del año 2016.

Los libros del apartado B.(II),

¡Yo Soy Feliz!,

Bioelectrónica de las Emociones, **vols. 1 y 2,**

debido a sus extensiones, serán revisados a mediados del próximo año y publicados en una primera versión en formato 8.5"x11" para ponerlos pronto a disposición de los lectores. Una segunda versión en formato 6"x9" se preparará y publicará más adelante.

REFERENCIAS (B).

(I). Al alcance de todos.

1.

Diosiño, Dos Mil Años Después.

Alcanzando por ti mismo las respuestas que el mundo no puede darle a tu corazón de niño.

2.

El Celular Biológico,

Ciencia y Espiritualidad de la Interacción Consciente con Dios.

Una guía práctica de introducción a la operación de nuestro celular biológico, nuestra trinidad *alma, mente y cuerpo,* para "sintonizarnos" con Dios y establecer y cultivar una interacción consciente íntima, particular.

3.

Dios,

Origen del Concepto Dios en la Especie Humana en la Tierra.

(II). Más avanzado, que incluye la primera versión de la intro-

ducción al *Modelo Cosmológico Consolidado,*

4.
¡Yo Soy Feliz!
Bioelectrónica de las Emociones, Vols. 1 y 2.

Ciencia y Espiritualidad de las Emociones,
Al alcance de todos, para todos los intereses del quehacer humano.
Dios, proceso existencial consciente de sí mismo, ¡es real dentro nuestro!
Hoy podemos explorar la inseparable presencia de Dios en la trinidad energética que nos define y el proceso existencial que está codificado en la estructura ADN de la especie humana.
Origen de las emociones en los arreglos biológicos de la especie humana y su función en el control por sí mismo, de sí mismo del ser humano, para el desarrollo de su consciencia, de entendimiento del proceso existencial, la vida, para experimentar, sana y felizmente, la realización de sus deseos y creaciones; y
una motivación íntima, personal, individual, particular, a explorar el proceso existencial del que provenimos, y del que somos partes inseparables, para entender nuestra función y propósitos, individual y colectivo, en él, a través de él, frente a cualquier y todas las circunstancias de vida por las que nos toque pasar.

Volumen 1.
El Ser Humano es una individualización del Proceso Existencial del que proviene a *imagen y semejanza*.

Volumen 2.
¡Yo Soy!
El Creador de Mi Realidad.